4 SPIRAL POWERS OF

古我知史［著］

リーダーシップ螺旋《DNA》

企業家精神に溢れるリーダー　4つの動力《パワー》

A GREAT LEADER

晃洋書房

目　次

リーダーは孤高の登山家である。
危険を日常とし、自然を友とし、
地図無き登頂にすべてを賭ける。

プロローグ

リーダーとリーダーシップ

COVID-19が地球規模で人類と社会に鉄槌を下した。見えざる手には鉄槌が握られていた。

従来の政治経済の理論や枠組みは制御不可能な外部環境の激変には歯が立たない。

しかし人類も、経済も、会社も、立ち向かうしか選択肢はない。個人はもちろんあらゆる組織やコミュニティのトップ、リーダーは、逃げることはできない。リーダーは先頭や先端にあって、その鉄槌を、命を賭して全身で受け止めなければならない。

現代は、変動性（Volatility）・不確実性（Uncertainty）・複雑性（Complexity）・曖昧性（Ambiguity）を内在する社会情勢、すなわち「VUCA」の時代と言われる。

しかし多くのリーダーはVUCAが常態であることを知っている。

不確実でモノコトの想定がつかない時代になってきたという意味で使われているのだが、賢明な皆さんもご存知の通り、これは今に始まったことではない。

いつの時代も未来は見えない、見ようとするとかえって見誤るものである。

しかし、その未知の未来を観ることができるのがリーダーのリーダーたる所以である。

想像を超える未来を洞察し、発作的に、直感的に、受け止めることができる。Digital Transformation（DX）隆盛下のCOVID-19の後の世界、その未知の未来とともに、リーダーは既に走り出している。


未知の未来を観るリーダーとはどのような人か？

未曽有の危機に動き出すリーダーとはどういう生き様をするのか？

今もこれからも、リーダーはいかにして覚醒するのか？

リーダーシップの機会をどうとらえ、具現化するのか？


これらが、本書のテーマである。リーダーシップのフレームワークやハウツーの方法論に振り回されることなく、深き本音と強い想いで縦横無尽に語り尽くしたい。


リーダーには必須の螺旋《DNA》がある。先天的にではなく後天的に獲得するＤＮＡだ。

リーダーが発揮するリーダーシップには、組織と人々を動かす有機的ダイナミズムがある。それらは螺旋的要素の力を生み出す４つのＤＮＡになぞらえることができる。４つの動力《パワー》である。

それらを本書の構成である４つの章、「先見先覚の力」、「人心収攬の力」、「行動実現の力」、「原理原則の力」に詳述した。リーダー必須の動力として、覚醒させてほしい。


リーダーシップを構成する４つの動力は、まずは単独で強くあらねばならない。一方、４つの動力は単独でリーダーシップのダイナミズムを起こせるわけではない。４つの動力が絡み合い、相加相乗的にパワーを発揮することにより、有機的なダイナミズムを産み出す。動的進化を創り出すＤＮＡの如く、螺旋的に絡み合ってデザインされている。

ダイナミズムを創出するリーダーシップは、人間たるリーダーを通して、組織やコミュニティ、ビジネスの世界でそれぞれの全構成員を結束させ、まるごと変革させ、高みと未来に止揚させ、延いては社会や人類に関与し、大きな貢献をすることになる。

本書を手に取っていただいたリーダーを目指す皆さんには、いずれの順番でもよいので、興味が湧く章からお読みいただきたい。自らのＤＮＡに組み込みたい動力と、直感できる動力の章から、読み始めていただくことが有り難い。

私事で恐縮だが、私が生涯の職業として粘土細工のように形づくってきたのは、独立系の、孤高で、地道で、やんちゃだが真摯な、ベンチャーキャピタリストである。組織に属さず頼らず、個として歩むことを決めた、プロフェッショナルな職業人でありたいと思っている。

愛する対象はベンチャーであり、ベンチャーに挑戦する人材とチームである。

多くの卓越した起業家や有為優秀な人材とチームと出逢い、共に歩んだ七転八倒の修羅場体験、共に分かち合い共有した至高至福の成功体験が、本書を書き下ろす動機となった。

リーダーは、現場と体験の中で覚醒する。リーダーシップは４つの動力のダイナミズムで形成される。その事実と現場に共にいたからこそ、伝えたいことがある。

企業家精神とアンガージュマン

本書で伝えたい魂の叫びは、「リーダーシップに企業家精神《アントレプレナーシップ》を吹き込み、リーダーシップにアンガージュマン（主体的に参画）せよ！」である。

リーダーシップの4つの螺旋的要素の動力が産み出す有機的ダイナミズムには、包括的全体性がある。包括的全体性を貫く本質が、企業家精神とアンガージュマンの2つだ。

有機的ダイナミズムは、リーダーたる人間の中から発現し、そのコミュニティが創造的に変革することで、現実化する。リーダーシップは、一人の人間の内面でテクニカルに機能しないわけではないが、人間リーダーを通して、組織やコミュニティの変革推進のエネルギー源となって、ホリスティック（包括的）に機能開花することを目指す。

企業家精神とは、一心不乱に未来の事業機会をつかみに行く、勇気と決断と行動力の根源的精神、アントレプレナーシップ（Entrepreneurship）である。

ハーバード大学のハワード・スティーブンソン教授は、アントレプレナーシップを「コントロール可能な資源を超越して機会を追求すること」と説く。

この定義に大企業の経営者は愕然とするだろう。常に経営資源に判断基準を求めたがるからだ。経営資源に頼りがちな経営者は、プロパーの組織人経験者に多い。組織的に、調整的に担がれたトップだ。リスクに敏感なのは調整型として慮りがあるからだが、リスクに怯えすぎるきらいがある。にもかかわらず経営資源にリスクが内在化していることからは目を背けようとする。

一方、ベンチャーの経営者、産まれ出でたリーダーは、最初からリスクに囲まれている。だからこそ、リスクに挑戦することが、成長創造の使命だと確信している。リスクを恐れていては何も為しえない。リスクを超越する勇気の源泉を、未来の可能性に確信を持つことに見い出そうとする。

未来の可能性、つまり徹底した「機会の追求」だ。人材も金も足りない、経営資源などほとんどないベンチャーの経営者にとって、唯一頼れる経営資源は、未来社会と人類を想う自らの創意と熱意と誠意の三意から成る、大志と大義だけである。いかに創意工夫し、全身全霊を賭けて仲間たちの心を動かし、希望を共有し、一緒にがむしゃらに、未来に向かって挑戦していけるかの勝負でしかないのだ。

アンガージュマンとはEngagementのフランス語読みだ。ニュアンスはコミットメント（Commitment）に近い。徹底的に責任をもって主体的に関与し、行動し、完遂せよ、自分のものにせよ、という意味だ。

フランス実存主義の象徴たるサルトルが１９４５年に創刊した『現代』（*Les Temps modernes*）のスローガンが、まさにそのアンガージュマンであった。

世界大戦を二度経た当時の人類は、現代のＶＵＣＡ時代の如く、不条理で不確実性に満ちた世界にどっぷりつかっていた。個人としていかに世界に向き合い、世界に関わるべきか、何ができるのか、猛烈な焦燥感と危機感に駆られた問題意識の高い人々が多かったに違いない。

サルトルのような知識人、文学者や学術者たちは、世間から逃避している輩と思われていた。頭でっかちに空想し、防空壕に守られて議論にたわむれる、へっぴり腰の連中だとレッテルを貼られていた。今ならば旧態依然とした大会社のタコツボ的エリートや、霞が関の内側に閉じ籠る官僚たち、空論好きの政治屋やコンサルタント、知ったかぶりの専門家や学術界人になぞらえることができる。実は本人たちは、えてしてそこからの脱皮を切望しているのだが。

一見自由に見えるその立場や存在は、実は自らを不自由な拘束的状況に置いているに過ぎない。サルトル曰く「自由の刑に処せられている」のだ。

これを打破するには、ただがむしゃらに信念をもって行動するしかない。行動あるのみ。状況と世界に徹底して、積極的に関わっていくしかない。

この悲壮な覚悟と実践が、アンガージュマンだ。サルトルたちは、一人ひとりが社会やコミュニティのリーダーとなるべく、自らの意志で行動を起こし、積極的に現場現実の世の中に身をもって参画したのだ。

現代VUCAの日本の経済界は沈滞し、歴史のある大企業はなべて大企業病におかされていると批評された。人材が活かされない硬直的な組織体は、まるで絶滅した恐竜のようだと揶揄された。

慌てた調整型の経営者たちは、付け焼き刃よろしく米国からコーチングというマネジメントスキルを輸入した。真に求められていたのはリーダーシップであったにもかかわらず、本質的ではないコーチングのテクニカル研修が大いに流行ったのだ。

コーチングはリーダー人材の開発目的を共有するものの、根本的には異質のアプローチだ。コーチングでは、トップの行動の起点となる独善的判断や権力志向の主体的コミットメントを、マネジメントのリスクサイドとして決して許容しない。極論ではあるが、リーダーシップには、リスクと隣り合わせのそれらこそが求められるのだ。独善的判断と権力志向の主体的コミットメントは、リーダーシップを起動するアニマルスピリッツと連動する。コーチングは、お行儀の良いマネジメントのコミュニケーションスキルのひとつとして利用する価値はあるが、有事に役立つものとは言えない。

大企業病の根本原因は、企業家精神とアンガージュマンの喪失である。

大企業病に悩む経営者や現場リーダーは、この真実を直視すべきだ。

繰り返しとなるが、企業家精神とアンガージュマンは、本書の各章で唱えるリーダーシップの螺旋的要素である4つの動力と連動する、全体性と貫通力を持っている。

その全体性と貫通力は、人間たるリーダーの、あらゆる言動と思索、行動と志と共に顕在化される。ビジネスの現場であれば、組織における仲間とチームの心を縦横無尽に串刺しにする突き抜けた鋭利さがある。ビジネスモデルや業務プロセスでは、それらを骨太かつ卓越とさせる俊敏性と重厚さを創り出す。

リーダーとは頭で考えて、人を論破すればなれる代物ではない。ましてや組織の中で、前任者やルールや制度から与えられた肩書でなれるものではない。課長や部長、さらには社長でさえも表層的人工的なつくりものでしかなく、自然なリーダーではない。創業者でない限り、自ら獲得したリーダーの地位ではないのだ。

リーダーとは勝ちとる戦利品であって、与えられる称号ではない。

毅然として強い情熱的な決意と大志をもって、自らをリーダーとして見い出し、掘り出し、危機と圧力に立ち向かい、仲間を取り込み、受難を分かち合い、成長と過程を喜び、独自規律を編み出し、最高最善の振る舞いをし、確かな実績と証拠を残す。その果実として獲得する地位と称号なのだ。

人間リーダーの覚醒

大企業や大組織に見られる、軍隊式ヒエラルキーのトップマネジメントは、ナチュラルリーダーではない。単なる職業的役割だ。組織で昇進をしても、トップマネジメント機能の部品として人材が交換されたにすぎない。これは批判ではなく単なる事実である。

今、職業的役割としてのマネジメントに就いている人は、ただちにリーダーになる決意と実行をしてほしい。仲間たちのために直ぐにそれを為すべきなのだ。

ルールに支配され、役割を強制されている組織から、自らの信念で範を示し、自主自律的な組織集団に革新する。ヒエラルキー構造の閉塞感を打破し、開かれた組織にする。リーダーと深くつながりたいと強く願う人たちで構成される組織へと変容させる。

いかなる時にも先頭に立ち、驚異的な価値を組み込んだビジョンを示し、伝え、自らその道筋につながる具体的行動を起こすのである。身を投げ打って犠牲となり、礎となることも厭わない。

あなたにその決意と覚悟があるだろうか。


あらゆることはそのはじめにおいてすべて予測不可能だ。歴史は繰り返す。

COVID-19も百年後は数ある人類の感染症との闘いの一ページとなる。しかし今現在においてCOVID-19はＶＵＣＡのシンボルとなった。初めにおいて予測不可能であるＶＵＣＡの意味を、改めて正面で受け止める機会となった。

予測不可能だからこそ挑戦の意味があり、予測不可能だからこそ創造の機会が生まれる。人類の歴史はすべて、未知の自然という不可思議で猛烈なパワーを持つ環境との戦いであり、また共存への模索であった。


今人類は、自ら創り出したデジタル社会、Beyond Society5.0という、既知の領域を超えて際限なく膨張するサイバー空間や、超知性が紡ぐデジタルツイン（Digital Twin）の超自然との共存も模索している。

火の利用も、言語も、農耕も、工業も、デジタル革命も、人類の不可能に対する果敢な挑戦の結果、創造し、獲得したものだ。私たちが私たち自身を人類と呼ぶとき、人間が他の人間とつながり、仲間や組織を形成して挑戦の果実を獲得し、その誇りを共有してきた。不可能への挑戦は、人間個人の行動から始まり、同時に、集団としての人類の選択の集積となった。

『サピエンス全史』の著者、ユヴァル・ノア・ハラリの推論では、私たち現代に生き延びたホモサピエンスの強みは認知革命にあるとする。複数存在したヒト亜族の中で私たちが生き残ることができた理由は、認知革命によって神話のような虚構を語り、共有化することができたからだと。

私たちは天地創造のような架空の話、虚構を集団で共有することによって、仲間意識を持ち、大規模な協力体制を築くことができた。厳しい大自然や、競合するヒト亜族に対し、集団となって徒党を組んで向き合い、力を合わせることができたのだ。

太古の昔から、明日を生き抜くために、常に人類は共に不可能に挑戦してきた。勇敢に挑戦するためには、共有化できる価値あるモノコトが必要だった。夢や希望に溢れた物語、絶対的な神との対話、あるいは分かち合える喜びや楽しみなどでもよい。実在性は必ずしも問われなかった。頭と身体と直感で理解できればよい。

それが認知革命だ。価値ある物語の共有こそが、人間の集団、人類の生存戦略にはなくてはならないのだ。

リーダーはその価値ある物語を創り出す存在だ。

コミュニティの多くの人間が理解し、深く共感できる価値。

それが虚構であってもよい。一致団結し、徒党を組んで、あらゆる敵や問題やリスクに立ち向かえる勇気をもらえることができればよい。

人類の長い歴史の中で、集団の大小にかかわらず、革新的で共有できる価値を創造するリーダーの出現を、多くの人々は常に待ち望んだのだ。リーダーなくして力を合わせることができるコミュニティは、成立し得なかったのである。

しつこいようだが本書は、「人間リーダー」の復興と覚醒を野心する。

動力は、先見先覚の力、人心収攬の力、行動実現の力、原理原則の力の4つだ。

4つの螺旋的動力があざなえる縄のごとく絡んで、引っ張り合い、協働する。すなわちリーダーシップが発現し、機能し、進化する。

これらの動力を生命情報の継承と発現を担うDNAの4つの塩基になぞらえた。機能の発現と進化の可能性は、4つの螺旋的要素が組み合わさることで推し進められ、包括的生命有機体として実現されるというアナロジーだ。

リーダーシップのあざなえる縄の強度や形状や癖は、4つの動力の組み合わせの違いで個性的になる。

ある時は先見先覚の力が前面に立ち、夢見る周りの人間を巻き込むことに成功する。

人心収攬の力の発揮は、より多くの仲間の参画を得て、推進力の一体化に成功する。

ある時は縄の体幹に当たる原理原則の力をもって、外部環境の変化に対抗する大胆な方針を打ち出し、リーダーの強さを証明してみせる。

そして行動実現の力をもって率先して閉塞感を打破し、現場と一体となって愚直にやり遂げ、その果実を分け合うのだ。

時には人心収攬の力が先見先覚の力の動きを弱め、行動実現の力が原理原則の力に対抗することもあるが、その動力の間のせめぎ合いがリーダーを克己させ、魅力的に変身させうる。

意気揚々と、楽天的に、リーダーシップの機会を見つけて不可能に挑戦しよう。

できないと思えば行動できない、何事も起こりえない。できると思えば身体は動く。仲間を巻き込むことができれば、素晴らしい何かが起こり得る。

不可能にも思えることをできると信じ、できると信じさせることに挑戦しよう。

リーダーシップの機会はあらゆるところに、あらゆる時間で公平に開かれている。

まずは小さな機会をとらえて、リーダーシップの挑戦を始めてみよう。挑戦すれば失敗もあるだろう。楽天的にどんどん失敗を積み重ねていくのだ。リーダーシップへの挑戦なくして、リーダーは産まれ出でない。今までもこれからも、誰もが産まれ出ずるリーダーとなれる資格がある。

さあ、4つの動力を自分に引き寄せ、取り込んでみよう。

自分の中に小さな勇気の灯を点火してみよう。

既に与えられて形式的にその立場や地位にある人も、遅くはない。4つの動力を少しずつでも、断片的にでも、可能なところから自分のものにしていく決意と実行を始めるのだ。

常に現れる危険と受難という、幸運なるリーダーシップの機会をつかまえよう。

そしてリーダーとして為すべき役割と責任を、大いにエンジョイしていただきたい。


本書はそのような使命感に溢れた、健全な野心を持つ人たちに届けたい。年齢は問わない。

今の立場や肩書も関係ない。いかなる職業の人であろうと、未来志向の人であればよい。

そんな皆さんを、あなたを、励ましたい。鼓舞したい。

最善の大義とともに、あなたは必ずや、あなたのコミュニティを率いる先導者となる。

Where there is Your will, there is Your way！

第1章　リーダーの先見先覚の力

俯瞰と三間《さんかん》

リーダーの先見先覚の力を実現するには、3つの要諦がある。視点が未来から現在に遡るベクトルがあること、誰よりも視点が高く広く深いこと、そして自己流であっても未来の転換点が観えることだ。不安を希望で克服し、俯瞰することで、未知の未来を観るのがリーダーの使命だ。連続的な未来だけではなく、非連続な転換点後にも、希望を描く対応力が求められる。俯瞰的な視点の置き方には、先見先覚の工夫が必要だ。時間・空間・人間《じんかん》の3つの間を、多次元的に連関させなければならない。視点の位置取りで、リーダー独自の大いなる物語を自由に創造するのである。

未来と対峙する

人間が他の動物と違うところは、大脳新皮質が紡ぎだす言葉と概念の働きだ。中でも時間の概念を持ち、利用できるところが、人間の優越的かつ圧倒的な強みである。しかし同時に、弱みでもある。

時間の概念を持つことで、過去の記憶をたどる検証が可能となる。とりわけ優れて人間らしいのは、未来に対して洞察と拡がりのある推定ができることだ。未来の事象を様々に想像たくましく描き出すことができる。想像力という乗り物に乗れるのが人間だ。

人間は、未来に対して不安を抱える。しかし同時に、未来に希望を抱くことができる。希望を抱くから人は前向きに生き、生産的になり、夢に向かって蓄えをし、困難な課題にも挑戦することができる。希望があるから人は成長し、社会の発展に貢献する。

この希望を誰よりも強く、明確に描き、周りの人間に対して語り、共感させ、信じ込ませること。それがリーダーの使命であり条件だ。

人々は、共通の希望の象徴であり体現者であるリーダーの元で団結し、組織として大きな力を発揮する。会社に主語を置けば、組織と事業の夢と理想を、変革の意志と希望をもって描くことができるビジネスリーダーの出現で、会社は成長し発展する。

ビジネスリーダーが組織の未来に確固としたビジョンを持ち、構成員である従業員全員でこれを共有し、信じることができる会社の前途は明るい。

ビジネスリーダーが描き出す、具体的な道筋を示したビジョンがあれば、組織は一丸となってその道筋に沿って前進できる。ビジネスリーダーのビジョンを共有した組織の現場リーダーたちが、それぞれの部署やチームでビジョン実現に向けての挑戦的な目標、戦術や計画、タスクや方法論を共有し、一所懸命に力を合わせれば、目指す果実は必ずや得られる。如何なることをも成し遂げられる会社に変態するだろう。

維新の英雄たちを育成した吉田松陰曰く、「夢なき者に理想なし。理想なき者に計画なし。計画なき者に実行なし。

実行なき者に成功なし。故に夢なき者に成功なし」と。

会社のビジネスリーダーが描く情熱的で魅力的な夢と理想は、未来の組織を担う決意をした忠誠心の高い人々への、手触り感のある確かな希望となる。分散して組織を支える全部署の人々が、チームとしても個人としても、共に希望をしっかり抱けば、その行動は拡散せず一点へ収れんしていく。ベクトルが収れんする一致団結の計画実行が、会社のボトムライン、業績に直結するのだ。

リーダーと組織で共有する夢と理想を実現しよう。維新の志士たちが希望に満ちた国家の未来を共有し、切磋琢磨し、国づくりを成し遂げたように。

一方、時間の概念は不安を生み出す。未来に対して人は不安を禁じ得ない。不安は、リスクや不確実性の認識に起因する。

リスクと不確実性は異なるが、一緒くたにリスクと呼ばれることが多い。リスクには確率的に予測可能なリスクと、ブラックスワンと呼ばれる想定外の不確実性リスクがある。後者も確率論の正規分布の範囲に顕在化する前提で計算可能ともいわれるが、予測通りに出現しない不規則性は免れない。

ＡＩシミュレーションがシンギュラリティ（技術的特異点）を超えても、あらゆるリスクの完全な予測は不可能と考えた方がいい。「リスクは運だ」という、昔ながらの言葉に言い換えても遠からずだ。

そもそもリスクには、勇気をもって試みるという語源がある。現代用語ではベンチャーに相当する。ならばベンチャーにリスクがあるとはトートロジーということか。ベンチャーが成功するのは運だと結論するのもトートロジーだ。リスクを取るとは、能動的に未来の不確実性に挑戦することだとすれば、希望を根拠なく信じるという行為と同じ意味合いを持つのではないか。希望は、リスクを突き詰めた概念ということではないだろうか。

改めて希望を再定義すれば、「リスクを進んで取る挑戦」ということになる。

未来に対して不安が生じるのは、まだ見ぬリスクを恐れるからだ。必ず起きるリスクを能動的に受け入れる覚悟ができれば、不安が希望に変わる。

それは神の手にただ受動的に委ねる姿勢ではない。神の手に委ねることは、リスクに対する不安からの逃避でしかない。

しかし希望が不安を完全に凌駕しなければ、不安が希望に変わることはないだろう。ある意味健全な不安があるからこそ、人は精緻な戦術や計画を立てる努力を惜しまない。希望を強く持つための原動力は、実はその裏に、リスクに対する不安が明確に、楽観的に、認識されているからである。

新世紀に入って「未来」が流行っている。令和に入ってやっと日本人も未来が気になり始めたらしい。ひと握りではあるが、日本のビジネスリーダーが未来にロマンを持ち出したことに淡い期待を持っている。

振り返れば平成期は、市場原理と金融資本主義に追い立てられていた。未来志向のビジネスリーダーなき日本の大企業は、刹那的な利益に翻弄されつつ、見えぬリスクに怯え、やみ雲にキャッシュ・イズ・キングとばかりに内部留保を溜め込んできた。平成31年間でお隣の中華人民共和国は、九州と同じＧＤＰから日本全体の２６０％ものＧＤＰに急膨張し、米国はGAFAMicsが主導するＤＸ経済構造を創り上げた。

米中どちらも、未来の希望に無尽蔵にリスクマネーと夢見人材を投入してきたからである。

第四次産業革命の進行する今こそ、日本企業もすべての内部留保を吐き出し、未来の科学技術とイノベーションにリスクマネーを大胆に投入すべき時が来ている。未来に積極的な希望を持ち、能動的なリスクテイクをするのが未来を牽引するビジネスリーダーの証明となるだろう。

私は小学生のころからＳＦが好きで、遠い未来のことばかり想像していた。長じてもスタートレッキー（米国ドラマ『スタートレック』のマニア）で、ＳＦマニアだ。最近のＡｍａｚｏｎオリジナルのＳＦドラマにもハートマークである。日本の大手企業の経営者でＳＦ好きだという人には、滅多にお目にかかれない。ＳＦが現実と混線して日常の発想に絡まる止揚感を教えてあげたい。現実感のある夢見が身に付くと、まだ見ぬリスクにワクワクできるようになるからお勧めだ。

優秀なマネジメントは、読めるリスクを取る。読めないリスクを嫌悪する。未来の複雑性は確率論によって管理することができる。会社の未来に向けた計画をルールと共に明確にして、全社員に分かり易く示すことができるのである。一方、卓越したリーダーは、未来を創り出すための変革を決意し、読めない未来に対して大胆なリスクを取る。大きな希望の絵図となるから説明はかなり困難に思われるが、リーダーの情熱と行動により旋風状に周りを巻き込んでいくことで、想像もしなかった大きな飛躍と成功をつかめる。

未来の大きな希望の絵図を描くことで、自分たちの今あるところからたどるべき方向や道のりが俯瞰的に見えてくる。未来の到達点から現在へ、時間を遡りながらたどるのである。

その道のりには、従来の「読めるリスク」の範囲では気が付いていなかった、困難な課題や不気味な障害物が浮き彫りになる。読めるリスクをもはや無意味化し、従来の構造やモデルを破壊する、大きくジャンプする仮説や可能性があちらこちらに潜んでいる。

未来とがっぷり対峙するとき本格的なリーダーが希求され、そのジャンプはすべての人々が証人となって、雄姿を目撃することになる。

俯瞰とメガトレンド

先見先覚の力は、先見の力と先覚の力の組み合わせだ。先見の力は深く科学的に考える力、論理的なアプローチ。一方、先覚の力は嗅覚に近い。直感的に洞察する力、複雑系の感性的アプローチだ。

リーダーに求められるのは、俯瞰的なモノコトの見方である。

俯瞰的とは、高い視点から全体を見渡す、大局的に観るということだ。二軸で説明すると、歴史全体と歴史的経験を重要視する時間軸、もうひとつは現在の時間の全体像をくまなく漏れなく見る空間軸である。先見先覚ともに俯瞰的であることが求められる。時間や空間の視点の意義については後述したい。

俯瞰的に観ることができれば、人間と人間社会に対する知識を広く高密に積み上げ、洞察に至ることができる。

特に歴史的知識を客観的な検証に利用できれば、人間と人間社会のあらゆる事象の因果関係を、ある程度の蓋然性の精度をもって合理的に説明することが可能だ。これを時間軸で未来に伸ばして延長すると、先見の力につながる。しかしこれは従来の因果関係構造に依拠した、リニア（直線的）な未来予測である。


ここまでを企業戦略の理論で概説してみる。

企業戦略の理論では、産業の盛衰や企業の浮き沈みの歴史的経験事例から、帰納的に証明できる、いくつかの典型的な因果関係構造が解き明かされる。解き明かされた体系が、経済学や経営学の中で示されるフレームワーク、戦略や戦術の理論となる。論理的な先見性を定義づける手法である。

先見性の論理手法には、帰納法と演繹法の組み合わせが利用できる。

まずは過去に起きた様々な事実や知識を集積して、いくつかの枠組みやパターン、つまり理論や方程式に落とし込むという、帰納的なアプローチをする。その理論や方程式を活用して、目の前で起きている個別事象に当てはめて帰結を予想するという、演繹法と組み合わせる。先見の力の展開の基本である。

積みあがった個別の事象の集積から帰納的なパターンを見つけることができれば、今の事象から未来への演繹的な適用が可能だ。外部環境などに変化がない限り、この手法で得られる先見性のある予測は便利に利用できることになる。

しかし、現実は変化するのが常態である。変化のマグニチュードも実に様々だ。視点を引いて俯瞰すると、大きな時間の流れの中で、明らかに歴史的大転換点というべき潮目の変わるタイミングが現れる。

例えば、私たちが誰でも知っている昨今の転換点には、パンデミック、金融資本主義の暴走、ＩＴ化やデジタル化によるＤＸ、パックス（Ｐａｘ）無きジーゼロ（Ｇ０）の世界などがある。

歴史を振り返ると、近現代のグローバリゼーションは印刷技術の普及や、天文や造船技術の発達による大航海時代の到来により最初の転換点が生じた。近代の航空産業と自動車産業の勃興が、その非連続的な地球規模の巨大シフトをさらに推し進めた。

政治経済や社会文化において、啓蒙主義、封建主義、共産主義や資本主義、といったイデオロギーや社会システムの栄枯盛衰が起きたのも、それぞれに転換点があったからだ。時代や世代に共通する価値観、産業構造の構成、国家と国民の関係、コミュニティの構造、生活慣習や一般常識などが、大転換点の前後で常態の大変化や変容を見せることを人類は体験することになる。

これらの大きな転換点を、その時代の真ん中に居ながら帰納法と演繹法で予見できたかと問えば、難しいと答えざるを得ないだろう。これまでのリニアなモメンタムを俯瞰した延長線上には、それは起きない、見えてこないからだ。つまり大きく非連続な転換点の先の未来を予測することは、論理的には容易ではない。先見の力には限界があるのだ。

しかるにリーダーに期待され、リーダーにしかできないのは、この非連続な未来の予測である。つまり大仮説構築力とも表現できる、先覚性が求められるのだ。時代が不安定な有事におけるリーダーには、論理的で直線的な未来の予測は必ずしも期待されていない。これはマネジメントの為すべき仕事と見なされている。

では、リーダーはどうやってこの先覚の力、大転換点を先覚するのか、見い出すのか。チャレンジ可能な解は２つある。

ひとつは、転換点が生じたばかりの、あるいは生じ始めている兆候や気配をいち早く嗅ぎ分けることだ。これを大きな潮流を見るという意味で「魚の目を持て」と昔から言う。鳥の目は全体的に見下ろす俯瞰視点だが、魚の目は、現場に身を置きながら感じ取るミクロな気づきから、俯瞰性につながるうねりのダイナミズムをセンシング（察知）する動的視点である。

もうひとつは、リーダー自らが先頭を走って、独自に転換点を創り出す挑戦をすることだ。もちろん一人では為し得ない。従って、同じ想いや情熱で新たな転換点を創ろうとする人々の動きに、先んじて参画することが大事だ。そのような世の中の小さくとも確かな動きと推進力のあるコアな人間やコミュニティを、誰よりも早く嗅ぎ分けて飛び込むのである。

仮に両方の可能解にチャレンジする機会を逸したとしても、遅ればせながらであっても、迷いなく転換点やうねりの波に飛び乗る勇気と才覚が必要だ。転換点を超えると、今までの大きな波（メガトレンド）が引き始め、異質な別の大きな波、メガトレンドに入れ替わっていく。潮の流れが決定的になるのだ。このメガトレンドの始まりの早い段階で、波に乗る決断をすればよいのである。

変化のマグニチュードが波状的に大きくなりつつある現代、リーダーの先覚の力はあらゆる組織やコミュニティにおいてますます強く必要とされるだろう。

未来に向けて不確実なリスクを覚悟し、次の仕掛けを主導できるかどうかが、リーダーの真の存在価値であると強く再認識されている。

時間空間人間

私はスタートアップに特化したベンチャーキャピタリストを生涯の職業としている。格好よく言えば未来と対峙して、未来と格闘する職業だ。磨き上げるべき職人芸は、未来の事業機会に着眼する技量と力量である。

新たな事業機会を発見する際、その創造の場やスペースとして着眼するのが三間だ。時間、空間、そして人間《じんかん》である。

これを小さくとらえ過ぎないように、手ごたえのある大きさやズレでとらえるようにする。互いを連関させ、互いを複合させることで、視点を多次元化させる試みも怠らない。

時間とは、或る過去と或る未来の時点の間の変化や差異や歪みなどを観察する着眼の視点だ。

例えば、昨年と今年の間に存在する変化をとらえる。衣食の流行、コト体験、ヒット商品やサービス、書籍やアニメのベストセラー、話題のニュースやキーワードなど、2年の間であっても様々な変化が生じる。その変化を先取りできればビジネスになるのだ。

仮に今の自分と未来の自分のあるべき姿の差異に着目すれば、どんな事業機会があるだろうか。住まいやライフスタイル、例えば趣味やダイエット、教育関連など、時間軸の時点の間に起こりうる差異やズレの中に無限に事業機会が存在していることが分かる。

業界の規制時代と規制緩和・自由化後、自由貿易とブロック経済の時代、従来技術と期待される技術の盛衰、競合者の登場前と参入後など、様々な変化の前後で起きる差異や歪みに多くの事業機会が内在し、必ずや事業化され、ビジネスとして顕在化されるのだ。

そうした時間の中の差異やズレなどにある事業機会の着眼は、三間の中でも基本的アプローチだ。

次は空間、或る場所と或る場所の地点の間の差異や歪みや違いなどに観察する着眼の視点だ。

まずは地球上にある物理的な空間で考えてみる。

例えば北半球と南半球、先進国と新興国、西側と東側。熱帯地域とモンスーン気候の地域との間にある差異や違いなど、着眼すべきズレは多様だ。

例えば、気候が違えば農作物も異なる。熱帯フルーツが欧州で売れ、青森のリンゴが台湾で売れる。あらゆる産品の貿易ビジネスの事業機会が、空間のズレに生まれる。鉱物資源やインフラの違いは、国家や地域の間で明らかに差異がある。その着眼によってビジネスにつながる事業機会が生まれるのだ。

ミクロな地域社会では、隣町の商店街とこちらの商店街、駅の北側と南側。商圏の空間の吸引力の差異に着目すると、何かしらのビジネスが見えてくる。イーロン・マスクやジェフ・ベゾスのようにぶっ飛んで宇宙空間まで目を向ければ、人類移住の未来の巨大な事業機会が見えてくる。

最後に人間。ニンゲンではない、人と人の間のジンカンだ。或る人と或る人の間の、差異や歪みや距離などを観察する着眼の視点だ。人が構成する組織と組織の間でもよい。

個人と個人の間には、必ずすれ違いというズレがあると言ってよい。親子の間、兄弟姉妹の間、友人の間、男と女の間などいくらでも着眼すべきズレがある。家族旅行や外食、投稿動画、ＳＮＳ、恋愛や結婚周りなど、ジンカンには無限にビジネスのチャンスが溢れている。フェイスブックやＬＩＮＥなどはジンカン事業で荒稼ぎをしている。Ｃ２Ｃのモノコトの売り買いのプラットフォーム型ビジネスもこのジンカン事業だ。

組織と組織の間にも様々なズレがある。ソニーとパナソニック、グーグルとテンセント、日本と韓国など、同じような根っこからまったく異なる組織やコミュニティに発展していく。ＦＩＦＡとＩＯＣは、まったく異質な国際的スポーツ協会だ。組織と組織の間に様々な差異やズレがあるお陰で、世の中のＢ２Ｂのソリューション型ビジネスが、延々と隆盛していくのだ。各種コンサルティング・ファームは、このズレや歪みがなければ成り立たないサービス事業である。

ＤＸ隆盛の背景にあるのは、ジンカンや組織の間に着眼して未来を見い出した事業やビジネスモデルが次から次へとプラットフォーマーとして勃興し、百花繚乱となったことだ。このジンカンや組織の間のズレは解決が難しいからこそ、その多くの事業機会が人類永遠の取り組みテーマとなっている。

更にこの時間・空間・人間の三間を組み合わせると、世界は拡がり、未来の事業機会はバラ色となる。サイズや密度を大きくしたり小さくしたりしながら、視点の位置や方向を変えながら、妄想たくましく仮説を立ててみるとよい。「未知の未来を絶対に見てやろう」という、強烈な好奇心と湧き上がる意志を強くして取り組むことができれば、あなたは未来のリーダー候補である。

あとは主体的に動き出すだけだ。あなたの動きが正解かどうかは、本人を含めて誰にも分からない。あなたは至って真面目に、大きな三間の中を縫って、うねり始める時代、メガトレンドの最初に来た波の上に乗る覚悟でいればよい。波は日増しに高くなり、数年後には今の時代の静かな海原をすべて呑み込んでしまうぐらい、ダイナミックになるはずだ。その直感的な確信を持っていればよい。動き始めた時点で荒唐無稽な物語を信じる人はほとんどいない。その内に半信半疑ながら好奇心とざわざわ感で周りから一人二人と合流する。かくして最初に波に乗ったあなたがリーダーと呼ばれるようになるのだ。

歴史的には波に乗ったつもりが、結果的には沈んでいった人はかなり多い。注意深く見渡せば身の周りにもちらほら見つかるはずだ。世の中、会社の中でも、最初の波乗りサーファーを自認する人、実践する人がいるお陰で、実は楽しめる。面白いのである。

リーダーとなる人はメガトレンドばかりを狙っているわけではない。ひと握りの熱狂を創り出すミニトレンドや、時代を超えて変わらないものを死守する運動、まったく注目されない活動にも、勝手に注目して執着する。徹底的にこだわり、愚直に取り組んで、それを大衆化しようとがむしゃらに頑張るのだ。

誰も想定していない人類の大きな課題に仕立て上げて、勝手流にメガトレンドに盛り上げようともがくのだ。アニマルスピリッツを全身にまとって、まだ見ぬ未来の海に真っ先に飛び込んでいくのである。リーダーとなるべき人たちは妄想たくましく、想像の世界を自由に泳ぐ。そして至って真剣だ。来たる三間の中に、進化発展させるべきこと、超えなければならないこと、解決されるべきことを、自分勝手な独自課題として創り上げるのだ。

それが世の中、産業や会社の未来を見通すことにつながることが証明された時に初めて、先見先覚の力のあるリーダーとして立ち現れることになる。

集合的無意識

宇宙的な視点で世の中と未来をとらえようとすると、不思議にモノコトの万物流転の動きや運動には、公理のような共通性があることに気づくことがある。

もし数千年命を永らえて、天国と呼ばれる空中世界から地球上の人類のできごとを俯瞰して観察できたとしたら、その時々の世の中の動きについて常にデジャヴ（既視感）を覚えるに違いない。できごとではなくても、その時代に支配的なモノコトの考え方やとらえ方にも、常にデジャヴを覚えるのではないか。と、記述したこの内容も、まさに人類にとってはデジャヴなのだ。

先に未来のリスクについて触れた。読めるリスクと読めないリスクがあると。

ＡＩによるシンギュラリティが起きれば、読めないリスクはなくなるという科学者もいるが、そうだろうか。おそらくはＡＩも想定し得ない変数の出現で、シミュレーションできない異質なリスクは必ず起こり得る。だからリスクという概念は決してなくならない。リスクも人類にとって、常にデジャヴである。

ユングは師匠フロイトの理論展開の先に、個人的無意識の基底にある、「集合的無意識」があるとの説を打ち出した。人間の意識が何かしら顕在化する源泉は、個人的無意識（例えばトラウマというようなもの）であるとするフロイトの考え方に、それぞれの個人的無意識を共通して支える集合的無意識があるとしたのだ。この集合的無意識を原型（アーキタイプ）と呼ぶ。

個々人の違いを超えて、共通に、おそらく人類として本能的に持っている原風景、イメージパターン、形、のようなものだろう。その証拠として地球上の反対側にあって独自の歴史を紡いでいても、地理や時間や民族を超えて、不思議と人間は原風景というアーキタイプを共有化していることが分かっている。

私は、人類は生命体の根源レベルでデジャヴを共有しているという仮説を立てている。これを普遍性とか、ギリシャ哲学のプラトンならばイデアと呼ぶのであろうが、この共通のデジャヴのお陰で、人類は種を絶滅させるまでは争わずに共存の道を選択するのだ。

一方この原型デジャヴがあるにも関わらず、小競り合いや死を正当化する戦争をやってのける種でもある。

つまり第二段階の仮説として、原型デジャヴは単一で同化されてはおらず、多様かつ複数で互いに矛盾対立しているものも含まれている。それが人類の進化、エボルーションに複雑系のような連鎖で寄与しているのではないだろうかと。

心理学者ではないのでこれ以上の深掘りはできないが、集合的無意識と個人的無意識の間に茫漠な無意識のスペースがあって、かなり多くの部分集合的無意識があるという、私的結論としての仮説である。

この部分集合的無意識のデジャヴを顕在化させて束ねるのが、リーダーの役割ではないだろうか。

人々はストーリーが好きだ。それも大いなるストーリー、もしくはとても個性的なストーリーがより魅力的に思える。リーダーがその物語を語るとき、それは人々の部分集合的無意識にあるデジャヴに訴えかけているのである。モーゼ、イエス・キリスト、マホメットなどあらゆる預言者たち、力のある政治家、ブレークスルーを起こす学者、そして成長を牽引する会社経営者たちも、大いなる物語、オンリーワンの物語の語り部なのだ。

歴代で勝利する米国大統領の決め台詞は、まさに部分集合的無意識の層に届く、油田を掘るときのボーリング穴とパイプの打ち込みのように絶妙でなくてはならないのだ。トランプ元大統領のＭＡＧＡ（Make America Great Again）や、オバマ元大統領のYes, we can! のように。すべての具体的な政策が根差すべき、大いなる独自のストーリーが必須なのだ。


読めないリスクに対して私たち人類が為しうる有効な防衛手法は何か。

それぞれの時代に直感的に分かる人類が確かに存在する。リスクの原型デジャヴを部分集合的無意識として共有しているからだ。その直感的答えは、多くの場合は「リスクを能動的に取る」だ。

読めるリスクを進んで取る合理的手続きとは異なり、読めないリスクを進んで取るとは、大胆な仮説を描いてアニマルスピリッツで着手行動するという意味だ。

短期的には、それは果たせるかな、結果まで見ることできるものはほとんどない。しばらく結果が確定しないこともある。そしてそれは必ずしもひとつに絞られる具体的な仮説に収れんしない。当初はアニマルスピリッツのリーダーの数だけ仮説が存在するからだ。多様で複数の大胆不敵な仮説のお祭りとなる。俯瞰的には、いつかは大きなメガトレンドを起こすひとつの大胆な仮説が具現化して、時代を支配することになるのだが。


般若心経ではこの世の中の普遍的な原理を「空」と呼ぶ。まさに人類共通の集合的無意識としてのデジャヴの原理だ。「色即是空、空即是色」は有名な般若心経の一節だ。

解釈では「色」は現実のひとつの断面を表現している。色即是空、つまり、すべての現実のひとつの断面で起きているモノコトは、すべて世の中の普遍的な原理「空」のもとで起きている。

空即是色、その原理「空」のもとでひとつの現実「色」が生じ現れるのだ。「即是」ができないのが弱い人間の常である。そう簡単には断じきれないのが、か弱き人間の本性なのだ。

この子羊群の集団の中にあって、リーダーたる人間は、「即是」を観ることができ、解釈し、迷える子羊たちを導くことができる存在である。

「空」という三間を統一する原理を俯瞰しつつも、現実の世界の中での様々な形やあり様で起こり得る実現過程の中に身を投じて、「色」が「空」になり得るまで、それが永遠に帰結することがないことをも達観したうえで、人々と共に苦難の道を歩むのがリーダーの姿なのかもしれない。

宇宙原理を探る仮説への挑戦のように、人類の想像力は永遠に終わることがないという意味において、集合的無意識は根元でつながっているように思う。

ネバーエンディングストーリーだから、私たち人間は好奇心をかき立てられ続け、探求心と挑戦の情熱を持ち続けることができるのではないだろうか。またそのような強き人間に、つい魅かれるのではないだろうか。

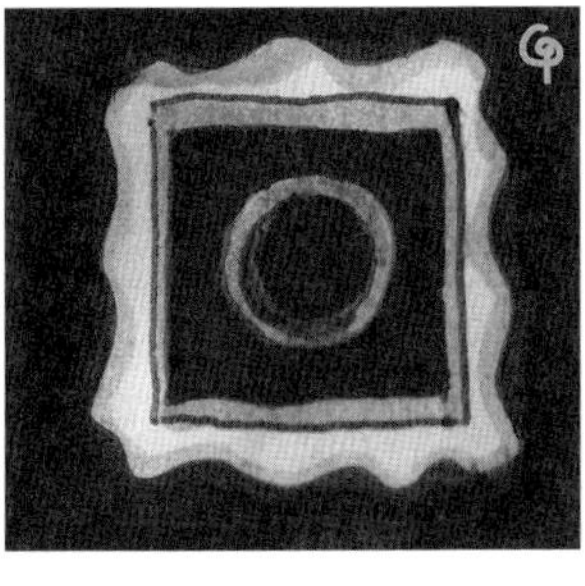

正しく疑う――

リーダーの先見先覚の力は、森羅万象のモノコトに対して正しく疑う姿勢から産まれる。疑うという姿勢がない限り、人間は対象を意識的にしっかりと観ようとしない。よく観察するために、まず腰を据えて疑うことが必要だ。しかし否定と混同してはならない。否定につながりやすい疑いの姿勢をいかにポジティブに正すかだ。ポジティブに正しく疑うためには、無知の知を起動力とした、モノコトをゼロベースで考える癖が必要だ。自然で、主体的なあり方から考える力、また、それは哲学的な思考力でもある。どうあるのが人々の為になるかを常に探求する、正しく大きく疑う姿勢が、視点を未来に移させるのである。

デカルトとビジネス

正しく疑う。コギト、である。

ラテン語の「Cogito ergo sum（コギト・エルゴ・スム）」だ。デカルト『方法序説』の命題、「我思う、ゆえに我あり」である。

人間がすべてに懐疑的になることは、人間が独立した意識を持ち、主体的になれる基礎と解釈できる。また、この世のものがすべて真ではないのではないか、という疑いを健全に持つべきだ。そうすれば、人間はもっと注意深くなり、深く考えるようになり、真実を探求することに一生懸命になれる。

これは日常的な会話の、あの人は疑い深い、という時の「疑い」とはまったく異質だ。この類の疑い深い人は、実は周りのモノコトに興味が湧かない。周りのモノコトを注意深く観察しないし、体験したこともないので、ただ恐怖と拒否感を持つのだ。「我思う」ことがない人間である。このような人間が人を引き付けることは皆無だ。

この世の中と未来と周りの人々に強い興味と観察眼があればこそ、健全に向き合い、その本質を問い、すべてが実は本当ではないのかもしれないと、正しく疑うことができる。真に「我思う」、この正しい疑いの姿勢からすべてを始めるのである。


現代のビジネスリーダーへの簡単な応用問題は、既存の事業や業態、ビジネスモデルと戦略は本当に必要か、まだ通用するのかと「我思う」ことである。

会社の伝統と歴史と経営資源にとらわれてばかりで、現代を、現実を、市場を、本当に直視できているのだろうか。世の中ではテクノロジーの非連続的なイノベーションが起き、生活者の価値観や文脈にも大きな変化が訪れている。にもかかわらず、従来の慣性にとらわれている構造やプロセス、ビジネスモデルに満足している会社がいかに多いか。もう終わっているビジネスモデルにも関わらず、変革はおろか、終活さえもできていない。お叱りを受けるが、銀行や百貨店、伝統的メディアや代理店の業態などは、既に終わっている産業だ。規制保護や補助金漬けの業界や既得権益にぶら下がりの産業も覚悟しなければならない。不動産業や電力業はもちろん、自動車業界でさえもこのままでは生き残れない。

銀行業界のビジネスリーダーたちに、ドラッカーの質問を突きつけたい。

「今、その事業を行っていないと仮定するならば、これからその事業をはじめる気がありますか」と。

常識的な企業家であれば、今と同じ銀行業態のビジネスモデルを、新規に多大な金額を投資してつくりたいとは答えないだろう。答えは横並びに「やる気はない」だ。

大事なのは次の質問、「ではその事業やビジネスモデルをどうすればいいのか」である。この質問に答えも出せず、何も手を出さないビジネスリーダーとその会社は、早晩姿を消すことになる。

エネルギー問題とGE

ここでは地球規模の人類課題としてのエネルギー問題を通して、我思う、正しく疑う意味を考えてみよう。

人類文明の発展のためには、エネルギーの安定供給は欠かせない。エネルギーのインフラは文化文明社会を支える公的な基盤であることに異論はなかろう。

電力会社は民営ながら、常に国家と政府が介入するのはその公共性の為である。ではなぜ原発問題をはじめとして、エネルギー問題について日本の政治家のリーダーシップがないのか、疑問でならないのは私だけだろうか。エネルギー問題に対する姿勢や思想にこそ、俯瞰的・大局的な先見先覚の力を持つリーダーのあり方が問われる。

小泉元首相の原発反対表明は注目に値する。山田孝男『小泉純一郎の「原発ゼロ」』で、原発はトイレのないマンションと揶揄されている。東日本大震災で炉心溶融、メルトダウンした東京電力福島第一原発事故は、日本の国家国民に取り返しのつかない大打撃を与えた。いまだに計算できない未来への負債をもたらしたにも関わらず、現役の政財界のリーダーが深く検証反省し、次のエネルギー政策の未来ビジョンを描けないのはどうしてだろうか。

メルトダウンが起きた1号機から3号機にはそれぞれに数百トンのデブリが存在するといわれているが、現場では2019年2月にデブリ堆積物をロボットアームではじめて3センチから5センチ程度つかんで持ち上げることに成功したばかりだ。実にメルトダウン以来8年の歳月が過ぎている。当初試算された2兆円のデブリ処理費用は、既にその4倍の8兆円は必要と指摘されている。

世界では既に巨大な斜陽産業になりつつある原発事業を、東芝や日立製作所に無理に推進させたのはなぜか。東芝をはじめ民間の経済界も、国民も、取り返しのつかない大きな損失と未来の負債を抱えるに至って、まだ政治や経済のリーダーは次のビジョンを打ち出せないでいる。

一人の健全な企業家となって、真実を本質的に突き詰めて探求し、現状のあり方を真正面から正しく疑うことから逃げているのだ。現状のままの延長線上にいることが、自らの判断ミスを避けることができるという、小心な利己心がそうさせている。

今からでも遅くない。リーダーたちの先見先覚の力を総動員して、国家国民的課題のエネルギー政策、その事業戦略の未来のあり方、俯瞰的な視座からの次の時代のエネルギー国家構想を、今こそ公論に附すべきではないか。


米国でもまさにエネルギー関連の事業戦略での思考停止のために、最も尊敬を集めてきたエクセレントカンパニーが苦しんでいる。あの米国のリーダー企業であったGEが、塗炭の苦しみの淵にある。

GE、ゼネラルエレクトリックは、天才発明家トーマス・エジソンが1892年に創業したグローバルな老舗企業だ。ビジネス界のロールモデル企業ともてはやされたのは、天才的リーダーであるジャック・ウェルチの下での20年間の話だ。ウェルチはメガトレンドを読んだ未来構想と大胆な仮説の下に選択と集中を断行し、死にかけていたGEを見事に復活させた。

しかし後任のジェフリー・イメルト在任の16年間で、大局的経営判断の致命的なミスをおかした。イメルトは、残念ながらウェルチの延長線上に描かれた軌道で、経営の拡大を図ることしかできなかったのだ。ウェルチの顔色を窺っていた感じも否めない。16年間の在任中にフランスのアルストムと電力関連の多くの買収を実行したため、のれん代の減損処理が2018年に230億ドル（約2兆5000億円）にも達した。再生可能エネルギーへの未来投資が期待される中、化石燃料タービンのアルストムを106億ドル（約1兆2000億円）の高値で、2015年に買収したためである。

イメルトは在任中に実に1260億ドル（約14兆円）の企業買収と売却を繰り返している。創業者エジソンに時空を超えて想いを馳せれば、化石燃料や原発エネルギーに代替し得る、革新的なエネルギー大発明の夢にかけるべきではなかったか。大胆なR&D投資やベンチャーとのオープンイノベーションを目指す、未来に挑戦する大局的な経営判断をすべきではなかったか。イメルトはあまりにも偉大であったウェルチ流の経営を、ゼロベースで自分なりに考え直し、正しく疑うことを避けたのだ。

日本国とGEの失態は、エネルギー政策や事業戦略に対して、本質的に考え、正しく疑う、本当に大事なことは何かとリーダーが「我思う」ことを忘れ、おろそかにした結果だ。

俯瞰的に未来をとらえ、正しく疑うことで、誰でも自然と力むことなく仮説は出せる。天才的リーダーやスーパーAIでなくても、ゼロベースから自分なりの答えは出せるものだ。エネルギー問題のように人類共通の大きなイシューで、過去から未来に向けて継続する大課題であっても、恐れることはない。「我思う」で正しく疑えば、連続的な過去からの延長線上の継続的な議論をしなければならない理由は、どこにもない。

未来の理想的な、大いなる、できれば個性的な新しいエネルギーの物語をぶち上げればよい。未来の皆が希望を持てるエネルギー政策と戦略の予想絵図を描き切って、現代に引き戻しながら、なぜ国民に問いかけようとしないのか。日本の政治的リーダーシップの欠如を嘆かざるを得ない。

自然なる思想

日本人は、日本国家論と日本人論が大好きだ。

過去の書籍のベストセラーは枚挙のいとまがない。新渡戸稲造『武士道』、内村鑑三『代表的日本人』に始まり、川端康成『美しい日本の私』、ルース・ベネディクト『菊と刀』、土井健郎『甘えの構造』、内田樹『日本辺境論』などがある。

現代日本の歴代の首相、政治的リーダーは、日本国家と日本人を大いなる物語の中でどのように形作ろうとしてきたか。あるいは、しようとしているのだろうか。聖徳太子の「日出る処」としての日本国家への強き想いは引き継がれているのだろうか。

エネルギー問題の取り組みから、日本の国家論や文化文明論に話題を移して、正しく疑うことの意味を考えてみたい。

平成から令和に改元されてまだ浅い。日本の歴史で初めて象徴天皇制の下で即位された明仁陛下は、民主主義国家での天皇のあり方を国民に生の声で問いかけられ、自然な世論を形成することに最大限の努力をされたように思う。象徴としての良きリーダーシップのあり方を目指された。平成の最後の丸一年となった平成30年は明治150年の節目でもあった。翌平成31年、即ち令和元年に、奇しくも一万円札の肖像を渋沢栄一にバトンタッチすると発表されたが、平成の顔であった福沢諭吉の功績を振り返っておきたい。

明治維新は現代日本のうねりの起点となった。長き鎖国後の明治初期で何が思想的な流行となったかが、その後の日本の行く末を決めることになった。その意味で福沢諭吉の啓蒙書によって現代日本に連なる方向付けがなされた。その功績は多大だ。

思うに日本は明治維新以来、福沢の近代化論の必読啓蒙書となった論考『文明論之概略』を思想的土台として、一直線に文明開化としての西洋化を進め、その慣性のまま現代も進んでいるようである。

明治の文明開化の原動力となったこの論考では、文明は一元論で語られている。上から下へ、文明・半開・野蛮の三段階だ。当時西洋は文明、日本や中国は半開、その他は野蛮であって、半開の日本は上の文明を何が何でも目指すべきとされた。この近代文明国家へのマニュフェストのお陰で日本は西洋列強の仲間入りを果たして、大国主義の道を歩むことになる。

確かに植民地化されなかったのは大いなる幸いではあったが、現代の日本に唯一無二のオリジナル文化文明は、どれほど残っているだろうか。

「No.1にならなくてもいい、もともと特別なOnly one」の流行歌詞を口ずさんだ現代にも、日本人の奥底にあるメンタリティには、競うよりも互いに尊重し合って共存する道を望む傾向があるのではないか。

ひたすら文明開化を実現してきたものの、少々日本人はそのあくせくさに向かず無理があったような気がする。

正しく疑う姿勢で「福沢の啓蒙思想が多くの日本人にとって不自然ではなかったのか」と考えてみたい。

問いかけるに当たって、同時代の西郷隆盛の言葉や思想を傾聴してみたいと考えた。西郷の言葉を集めた『南洲翁遺訓』には、福沢の思想との対極、あるいは別世界に導く思想や示唆が含まれている。負ければ賊軍であったために西郷の言葉は西南戦争の後に敬遠されたきらいがある。

福沢との大きな違いは、文化文明論が多元的であることだ。西洋文明の功を認めながらも、弱者である国家民族を植民地化する西洋には、慈愛がないとする。西郷は征韓論で様々な誤解があるが、慈愛に満ち溢れ、弱者を庇護することが文明の証だと論破していた。

京セラ創業者の稲森和夫の企業経営の考え方が、現代中国の経営者の間でもてはやされるのは、同郷西郷の「敬天愛人」の思想あってのことだ。

興味深いのは、対極にあった福沢自身は面識はなかったものの、西南戦争の折には西郷の助命を図ろうと、停戦の上で裁判をすべきと論じたことだ。西郷隆盛の抵抗の精神を擁護する論文『丁丑公論』を著している。国産思想の体現者である西郷を尊敬していたからであろう。西郷の多元的な文明論は対極にある福沢だけでなく、同時代の多様な思想家たちを突き動かす力があった。

左派で東洋のルソーと呼ばれた中江兆民は、洋行帰りに藩主の島津久光に会い、西郷隆盛と組んで明治維新政府を打倒できると直訴したという。また西郷隆盛を生涯慕い続け、大アジア主義の巨人と呼ばれた頭山満が自ら注釈をつけた『南洲翁遺訓』には、西洋の番犬とならずアジア諸国の独立と連帯こそ重要と説かれている。

西郷は文明を一元的にとらえることなく多元的に論じたからこそ、あらゆる主義主張の多様な思想家をも魅了したのではないだろうか。支配的な常識や強い強制力のある枠組みに左右されずに、自然な構えでモノコトをとらえる素直な姿勢があったのである。

それはリーダーの先見先覚の力を磨くために必要なあり様だ。

「自分は自然の部分である」と考えよう。

自然の部分としての自分から、主体的に思いを組み上げることが、リーダーシップの公平な機会を実現することになる。検証され枠組み化された思想が、時と場合によって大きな威力を発揮することがあるのは否定しない。しかし、万人を惹きつけ敬愛される思想は、自然の底知れぬ必然を写し出すものであり、それを体現できる人間がリーダーとして尊敬され愛される。

日本国家と日本人の現状に対して抱く大きな疑問と深き愛情を持って、その行く末を考えてほしい。どのような未来絵図を描くのが国家国民に対して最善最適なのか。いやしくも国民の代表として、リーダーとして、政治に奉職する人々は誠実に矜持を正さねばなるまい。

大義のための大疑

昔から好きな言葉がある。中国宋代の儒学者、朱熹の「大疑は大進すべし。小疑は小進すべし（大疑即大進、小疑即小進）。疑わざれば進まず」だ。原語の漢字の連なりに、中国の悠久の歴史のダイナミックな変遷のパワーを感じる。

現代の共産党が牛耳る権威主義国家に対する大いなる疑問はあるものの、資本主義社会との融和と超越を目指す大疑の指導者であった亡き鄧小平のリーダーシップは、まさに地で行く大進を実現させた。大疑から大進、そして中華思想の大義を実現したリーダーと言えよう。

鄧小平の生涯は、幕末の西郷隆盛と重ね合わせることができる。西郷は島津久光の逆鱗に触れて、二度にわたり奄美大島と沖永良部島への流刑に処せられる。しかし見事に復活し、天下国家を論じて人々を動かす時代のリーダーとなった。

鄧小平も、三度失脚している。二度目の失脚は、絶大な権力者であり時のリーダーであった毛沢東の経済政策に非協力的な走資派（資本主義派）と糾弾され、農村での過酷な労働を強いられた。トラクター工場労働者としてもこき使われ、汗水を流したようだ。三度目の文化大革命では、牛小屋に幽閉されている。「四人組」の一掃後に華国鋒政権を支えて中央に復活し、その後華国鋒を失脚させて権力の中枢を握る。胡耀邦と趙紫陽を両輪として、日本の明治維新の如き文明開化と西洋化を、短期間に凄まじいパワーで推進させた。

1977年が鄧小平の復活一年目とすれば、習近平政権の現代中国はちょうど日本の明治維新の半世紀後を過ぎようとする時点となろう。列強の仲間入りを果たして、大帝国軍国主義に傲慢に暴走をしていくイメージと現代の中国をつい重ね合わせてしまう。

鄧小平のリーダーとしてのあり様に話を戻そう。

「革新・開放には大きな肝っ玉が必要だ。正しいと思ったら大胆に試してみよ」という本人の言にある如く、楽観的に構想して大胆に実践することを旨とする、柔軟で現実的なリーダーであった。一方で、晩年の民主化運動を抑圧した姿勢には賛同できるものではない。共産党主導によるプロレタリア独裁主義の思想に執着する頑固さもあったようだ。

リーダーも一人の弱き人間で、すべてにおいて完璧ではいられまい。自らの大疑による大進の想像以上の進展が、中華人民の生活向上という大義を実現させたものの、主義思想の矛盾と国家体制のほころびの顕在化につながったことを敏感に感じ取っていたに違いない。鄧小平が大局を楽観的に考え、小局を悲観的にとらえていたことが分かる。これもリーダーによく見られる癖だ。

未来を見据えようとするとき、今を受け入れたうえで、同時に今を否定する力量が必要だ。今をやんわりと否定すれば、未来は垣間見えるだけだ。今を全面的に力強く否定すると、未来の地平線が拓けてくるのである。

今を大きく疑う、力強く否定することから、行くべき道の手がかりがつかめるという深い示唆である。

時代と地政的背景、民族とイデオロギー、テクノロジーと産業構造の進展状況など、地域や国家やコミュニティにはそれぞれ違いがある。それぞれにあって、リーダーが人々のことを誰よりも強く思い、コミュニティを愛し、常に現在よりも未来をより良くしたいと強烈に切望しているのは変わらない。未来の人々の笑顔、幸せな絵図を描き切ることができるリーダーが、現状からの打破、未来への創造と革新、つまり大義を実現する革命を起こすのである。大義ある革命は、常に今を正しく大きく疑うことから始まるのだ。

問題解決と課題創造

リーダーの先見先覚の力を研ぎ澄ませるには、俯瞰的であると同時に、重箱の隅を突くことにも執心しなければならない。マクロ・アプローチをしながら、ミクロ・アプローチを決して怠らない。凡事徹底だ。リーダーは方向性を描いているだけではなく、方向の微修正や改善のために、常に現場をセンシングしている。五感で抉り出しつつ、足りないところは、熱心に外の情報と知識を獲得する。大きな問題は常に身近な問題とつながっていることを知っている。未来の革新は地道な改善活動の中できっかけを掴めることも知っている。現状の問題解決の積み上げの中に埋没せず、大胆に未来の課題を創出し、高揚して果敢に、未知の未来の問題解決をしてみせるのだ。

大きな課題と身近な問題

リーダーは身近なできごとから、世の中の大きな課題を想像することができる。凡人にとっては、身近なできごとはそれだけであって、何の気付きもなく終わる。

例えばプラスティックボトルの清涼飲料水を飲みながら、マイクロプラスチックの海洋汚染の壮大なリスクに、心の底から怯えることができるか。激安スーパーの人ごみの中で、デフレの脱却について真剣に悩めるか。スマホと一体化した自分の日常から、未来のデジタライゼーションの究極の生活様式をビビッドに描けるかどうかだ。

ビジネスリーダーが自分の身の回りの凡事から、事業と組織の未来の方向性を発想できないとすれば、それはビジネスの本質を理解していない証明であり、リーダー失格である。自ら見聞きした、自ら体験したちょっとしたできごと、日常茶飯や凡事にこそ何かがある。何かがあると野性的に嗅ぎ取るのだ。

産業界にあっては、次世代のビジネスリーダーが日常茶飯や凡事から、より大きく包括的な枠組みでのビジネスモデルの革新が発想できるか。政治の世界では、未来を切り開く次世代のリーダーが、地球規模で対峙している社会課題や、人類のSDGsのテーマに連環する複雑な課題解決のダイナミズムを、身の回りの問題解決の先にたくましく想像できるのか、それが問われている。

誰も気づかない、誰もがなおざりにする重箱の隅を突くのだ。重箱の隅には全体に広がる問題の原因や兆しが必ず密かに棲んでいる。だから凡事徹底、凡事執着にこだわるのだ。それができないリーダーに、経済界や産業界、人類や宇宙船地球号の先導役を任せるわけにはいかない。

ウォーレン・バフェットが投資家として日本に見い出した不思議で魅力的な業態「総合商社」は、戦前戦後の混乱期にあっても常に先見先覚によって時代を切り開く挑戦をしてきた。

鎖国の癖がついている日本の経済界や産業界を、世界に啓かせる先導役を果たしてきたのが総合商社だ。貿易商であり、投資家であり、デベロッパーであり、鉱山権益者でもある。中でも伊藤忠商事は、「ひとりの商人、無数の使命」という共有のミッションを掲げ、力のある財閥系との競争の中で、あらゆる事業や地域に進出し、常に時代を先取りしている。間違いなく近江商人の遺伝子が騒ぐのだ。

初代の伊藤忠兵衛を継いだ二代目襲名時の伊藤忠兵衛は、若干16歳で兵站部（物流担当）の丁稚小僧であった。まだ徒歩と人力車が配達の中心を占める時代にあって、顧客にいち早く納品するための自転車活用を思いついた。日常的に利用している自転車の物流上の価値を汗をかきながら嗅ぎ取ったのだ。

古参の役員の反対を押し切って「伊藤本店丁稚小僧自転車部隊」を組成し、顧客に大いに評価されることになる。そして早々と21歳で代表に就任する。

まず打ち出した「店舗改訂趣意書」で、「忌むべきは世の風潮に侵されること」と近視眼を捨て、明確に時代の先取りをすることを宣言している。丁稚時代の身近な体験から、世の中に先んじて新しい取り組みをすることに熱中してきたからだ。

代表就任後も古参役員から猛反発されながら、当時は珍しい火災保険に入ったり、業務を効率化するためにすべての書類をカタカナに変えたり、海外から直接仕入れを実現するバリューチェインの革新を実現するなど、思い切った革新をどんどん成し遂げた。すべてカタカナで表記せよなど普通では思いつかない。凡事徹底、凡事執着から、世の中の大きな潮流を取り入れることまで違和感なく繋いで、未来を直感できたビジネスリーダーであった。

本店がその後丸焼けになる火災に遭うのだが、火災保険のお陰で損失をまぬがれ、その年の利益は前年の倍にすることができた。まさに先覚の直感だ。さらに先見の明を示す。火災にあった身近な体験から、誰も考えたことが無かったコンクリート製倉庫の建設を決断、実行する。これも当時の大阪本町、いや日本初の試みであった。

ビジネスの世界でリーダーとなる者が、世の中と庶民の日常から乖離した生活をしていては、実現可能な大きな飛躍や革新の発想を捻出することは到底できない。巨大な社長室の大きな机の上でつくった思いつきの浮世離れした革新に無謀に着手して、見事に大失敗の約束を果たすだけである。

いかなる世界にあっても、リーダーは一人の誠実で謙虚な生活者、庶民でなければならない。庶民として日々、凡事徹底の市井の人であることが礎となるのである。

会社組織で偉くなって黒塗りの運転手付きの車で移動を始めた途端に、世の中と普通の人々の生活が見えなくなってしまう。偉そうに秘書を使いだすと、最新のデジタル機器やアプリが使えなくなるのだ。

大きく疑い、大きな課題に向き合う一人前のリーダーになるのであれば、まずは足元にすべての五感の触覚力を全開放させるのだ。日常茶飯に緊張感をもって向き合うのだ。

世の中の大きな問題と未来の大きな課題の芽は、身近な生活のあらゆる場面に在る。ささやかな喜びや哀しみ、笑顔や涙とともに、あぶり出され、洗い出され、小さなフラストレーションや小競り合いの軋轢として、噴出している。生活者の一人として鋭敏な五感さえあれば、それに気が付かないはずはない。

会社組織の機能として組み込まれている営業やマーケティングはもちろん、財務も人事もオペレーションも、監査や内部統制に至るまで、身近な社会生活と人々の習慣や行動をセンシングしていればこそ、様々な業務革新のヒントが見つかる。普通では思いつかないインスピレーションが生まれてくる。身近な問題の中にこそ、未来の大きな課題を見い出す手がかりがある。

改善と革新

革新の方が改善よりも容易であると語る、実績のある経営者やビジネスリーダーが日本には多い。革新も大事だが改善はもっと大事である、と言いたいのが趣旨だ。革新を否定しているわけではないが、その実はホンモノの革新を知らないのだ。

マクロ環境や産業を取り巻く環境が変わっていないときに、会社の取り組むべき最優先課題は、現在取り組んでいることに対して、飽くなき改善を積み重ねることである。

これはそもそも日本人気質に合っている。高度成長期はまさにこれが花を開いた時代だった。改善に継ぐ改善を積み重ねて、「カイゼン」が世界の共有言語になるほど、カイゼンへの執着心によって日本経済と会社は世界に跳躍したのである。

当時の実績ある経営者やビジネスリーダーは、残念ながら革新をする機会がなかっただけである。だから多くの経営者が革新を知らない。その前の時代の経営者やビジネスリーダーが革新を断行してくれたお陰で、その路線の下でひたすら改善を積み重ねることで、付加価値と生産性を高めることに成功したのである。

小平浪平《おだいら》という、知る人ぞ知る日立製作所の創業者がいる。

東京帝国大学卒業後に就職した藤田組から秋田の小坂鉱山に技術者として出向し、鉱山の動力源確保の発電所建設に従事した。その現場で小平は、使われている機器がすべて外国製であることに驚き、当時誰もがちらっと思いこそはすれ真剣に考えることがなかった、機器の国産化への取り組みを決意する。誰もが無謀と思う、勝手妄想の決意であった。当時、発電機とケーブルはドイツのシーメンス製、変圧器は米国のＧＥ製など、到底日本の技術はかなわない時代である。しかし小平はその勝手妄想を実現してみせる。明治43年に、初の五馬力モーター三台が完成した。茨城県日立村大雄院の丸太小屋で成し遂げられた、日本の発電業界における歴史的革新の第一歩だ。

いまでもこの丸太小屋は日立製作所創業小屋と呼ばれ、本社工場の中に当時のまま再現されている。今でこそ重電の雄と称されるが、国産化への取り組みはその後の想定以上の世代を超えて長きにわたる、改善に継ぐ改善の積み重ねへとつながっていくのである。

小平が何度も辞任の進退伺を出すほど、当時の日立製の国産品の機能は、欧米の製品にキャッチアップするには気の遠くなるほどの天地の差があり、大幅な改善の余地があった。小平の最初の無謀で悲壮な決断は、見方によっては無鉄砲きわまりないものであった。決断の背景は推し測るしかないが、おそらくは小平自身が現場で汗にまみれて、毎日のようにシーメンスやＧＥの機器メンテナンスの改善に明け暮れ、全身全霊で身を投じていた挑戦的体験にあるのだろう。

当時の普通の技術人材であれば、外国製の優秀な機器の現場オペレーション技術や知識を獲得して、得意満面で終わるところだ。しかし小平は単なる国粋主義的な発想ではなく、純粋に技術者として、自分ならもっとメンテナンスの要らない卓越した機器をつくることができると、おそらくは根拠なく信じた。同窓で渋沢栄一の甥の渋沢元治に、堂々と国産化への決意を語ったと伝えられる。現場で得たミクロな感触と体験と視線が、マクロな視点と理想と熱い想いへと巻き上がり、革新へのジャンプを遂げたのである。

日立製作所の物語に依らずとも、この手の国産化の革新に取り組んだ会社やビジネスリーダーの事例には枚挙のいとまがない。トヨタ然り、ホンダ然り、ソニー然りである。

いずれの物語にも共通しているのは、そもそも革新を為し得なかった者が先進の革新に触れ、その革新をさらに良くするための改善に全身全霊を捧げる。そして改善の現場での弛まぬ取り組みを積み重ねた結果、従来の革新を超える大きな革新への決断のきっかけに覚醒するということだ。

リーダーたる人材は、その機会を、身近な現場からしっかりとつかみ取ることができる。

革新と改善は異質だが、かように親子である。改善活動が革新の母であり、革新が父となって改善活動を加速させる。ビジネスリーダーは日常の現場で、ミクロな凡事の改善活動をよく理解し、よく参画し、よく徹底し、更なる革新の旗を揚げる未来の機会を、虎視眈々とうごめきながら野獣のように窺わねばならない。

問題解決と課題創造

人間社会も世の中も、どんな組織やコミュニティも、日々問題解決の連続体である。

ビジネスの現場の例で考えてみよう。生活関連消費財の会社をとりあげてみる。そのマーケティング部門の商品サービス開発の議論で、常に繰り返される葛藤がある。それは、自分たちが目指すのは顧客の問題解決をすることなのか、まだ見ぬ将来の問題解決をするべきなのか、である。

合理的に考えれば、顧客が問題と認識していることを分かり易く解決してあげれば、対価を支払ってもらえるはずだ。

つまり、答えは問題解決を真っ先にするべきとなる。粛々と日々、毎週、毎月、毎年と、顧客の問題解決を継続していくことで、安定した売り上げと収益を確保することが約束されるのではないか。

しかしながら、現実はそうでもない。粛々と問題解決している会社がジリ貧になることもある。一方、大きく成功している会社の動きを見ていると、必ずしも顧客の顕在的な問題解決ばかりに終始はしていないのだ。

それはなぜか。いくつか理由があるが、2つ挙げると、ひとつは目先の問題解決だけでは顧客の満足度は上がらず付加価値が高くならない。もうひとつは、同じ問題解決ができる競合の会社が多く存在する、という現実だ。

ここで会社のリーダーとなるべき人は深く考え込む。発想転換をする。今の顧客ではなく、未来の顧客の問題解決をしようではないかと。その方が競合もないし、付加価値も高くなるはずだ。

未来の顧客の問題解決と言えば聞こえはいいが、要は、未来の顧客にとっての問題を創造してあげようということだ。問題と認識していない問題に気づきを提供してあげようという、ある意味ちょっとずる賢い発想ともいえる。未来の顧客がまだ見ぬ、まだ気付かぬ問題を代わりに発見してあげることになる。

もちろん理想的なアプローチとしては、現在の問題解決を根こそぎ解決する、より本質的な、より大きく包括的な、根源の問題を発見して今までになかった市場や需要を創造するのがベストだ。

顧客の身近な問題解決の連続を超えて、大きな問題発見をする。ミクロな問題解決から湧き上がる未来の課題設定、課題の創造ともいえる挑戦である。そもそも問題解決と問題発見は、対立的な考え方ではなく、循環して舞い上がる相互作用なのだ。

起点は問題解決の連続にあることは間違いない。目の前のささやかで、小さな、無視できてしまう凡事の問題を、大げさに受け止めることから始まる。問題解決は対峙する問題に深く悩み、真剣に練り考えた対策を打っていくことだ。それを愚直に繰り返していくことが基本である。

その凡事徹底の中で、ふと空を見上げる。空を飛ぶ鳥の目に視点を移すと、積み重ねた問題解決の動線が浮き上がってくる。ある時は何も気づかないまま現場に視点を戻すが、ある時は積み重なった動線の中に新しい補助線が見えてくる。現場の問題の根源を解決するために手繰る、絡み合った糸の先にある方向性だ。これが問題発見となる。未来の課題設定を気づかせる問題の発見であり、未知の課題の創造でもある。

未来のまだ見ぬ課題の発見、未来の問題解決のために挑戦すべき課題の設定ができないと、人々のワクワク感やはやる心は動き出さない。会社組織と仲間たちの活性度合いが下がるのだ。ビジネスリーダーは常にまだ誰も気付かぬ課題を見つけ出し、創造し、デザインする主体者でなければならない。

課題を創造しデザインするためには、主体者たるリーダーは先に述べたように凡事徹底の身近な問題に一所懸命取り組むのはもちろんのこと、自身で体験できない情報や生きた知識を得るべくアンテナを高く広く上げなければならない。そのために近くと遠くの多くの有為な人材たちとのネットワーキングや人脈は最重要となる。書物やアーカイブから得た古今東西の智慧や教養に溢れているのであれば鬼に金棒だ。

現実的には一人の人間が自己完結的にスーパー教養人となることは難しく、一番シンプルで確実なのは多種多様な同時代の鍵となる人々との人脈を活用することだ。近くの人々は会社で言えば同僚であり、部下である。遠くの人々は異業種であり異文化人であり、できれば宇宙人（と呼ばれているような御仁）がベストである。信頼できる同僚や部下、畏敬できる異文化人や宇宙人とのざっくばらんで徹底した意見交換や議論こそが、泥の中から課題を浮き上がらせ、形を与えるのである。

トップダウンのビジョンやミッションからの直線的な課題設定は押し付けがましく、組織には定着しない。人々には刺さらないのである。そんな直線的なアプローチを続ける限り組織は永遠に思考停止で動かなくなるのだ。

敬愛する先輩の横山禎徳は『組織』の中で次のように説く。

洞察のしにくい時代になり課題がちゃんと定義されていないことのほうが多くなってきた。……課題を吟味することなくそのまま受け入れ、ひたすら解決に突き進む「強力な課題解決リーダー」では不十分だ。……時代を洞察した「課題設定」を他に先駆けて自律的にでき、しかも人を説得して巻き込むことができる能力と魅力を持ったリーダー、すなわち、「アジェンダ・シェイピング（課題設定・形成型）・リーダー」が求められている。

付け加えることはないが、ビジネスと会社は「課題の複雑系総合時空有機体」とでも表現できようか。リーダーとは未来の課題のシェフ、調理人だ。

イノベーション

リーダーの先見先覚は、変化には変化で俊敏に対応するピボット力と、同時に、不動の未来を指し示す構想力が必要だ。人類の革命とイデオロギーの変遷は、パラダイムシフトを実体化させるイノベーションの創出を先導するリーダーたちの弛まぬ挑戦の結果だ。ビジネスの現場においてイノベーションを実現するのは組織全員の参画によるものだが、リーダーの着眼と決断と実行が欠かせない。リーダーの誇大妄想と虚構とも言える構想が推進力となる。既存のパラダイムや構造、ビジネスモデルや経営資源に執着しない。誇大妄想で描く独創的な未来が魅力的であればあるほど、組織は創造的に破壊され、新しいチームが生まれる。リーダーシップの機会が生まれ、リーダーが現れ、先見先覚の力による挑戦が現実化の道を歩む。

変化には変化

時代を洞察した自律的な課題創造をするためには、リーダー自らが世の中の普通の生活者の一人として、常に現場のミクロレベルから着想することが必要であることを述べた。

豊富で多様な人脈や知識で、それを補強することも大事であるが、その理由はいかなるスーパーパーソンであっても一人の人間には自ずと限界があるからだ。限界の背景には、人間の時間や能力に限りがあることのみならず、そもそも限界を超えるぐらいの目まぐるしい変化が世の中に起きている事実がある。

限界を超えるぐらいの目まぐるしい変化にどう対処、対峙すべきか。結論を言えば、日々の改善と現状想定を超える革新、さらに革新を超える革新、イノベーションを実現する（しようとする）リスクを思い切ってとることだ。

そもそもイノベーションを目指した課題の創造には2つの方法がある。

ひとつは目指すべき未来の構想やビジョンに対して、現状との差異を認識し、そのギャップを要素分析して、それを埋める斬新な内容や革新的方法を考え、試し、検証するというやり方。

もうひとつはまずポーラスター（北極星）を決める、つまり確かで大きな方向だけ定めておいて、とにかく動きながら変わりゆく道標を見つけ出し、小さな課題発見とトライ&エラーをジグザクに粘り強く積み上げていくやり方だ。

前者がイノベーションの経営戦略論や事業開発の正攻法。後者はベンチャーによく見られるやり方だ。もちろん折衷もある。共通しているのは現状と未来の間に明らかに大きな落差があることを認識していて、その崖を何としてでも、どんな困難があろうとも、よじ登ろうとすることだ。

リーダーとして注意しなければならないのは、前者の未来の構想やビジョンと、後者のポーラスターの内容は、結果として似て非なるものになる可能性を秘めていることだ。

前者の未来の構想やビジョンが、これから押し寄せてくる様々な外的環境の変化に対応することを十分に想定しているのであれば、確かにイノベーションに向かうことができるだろう。しかしその十分な想定はかなり難易度が高い。

誇大妄想の仮説であればあるほど変化には対応しやすく、正確には変化を気にせず、必然想定の仮説であれば、変化には対応できず、最初の仮説に縛られるリスクがある。

後者の内容は誇大妄想の仮説だ。ポーラスターは北の空に現れる不動の北極星で、手が届くものではない。目先でどんな変化があろうと、障害が立ちはだかろうと、目指すポーラスターの位置は変わらない。ポーラスターが見える限り、進む自分自身をいかようにでも変化させ、対応していける。また、そうするしか選択肢はないのだ。

世の中は常に変化する。その変化のスピードの目盛りがどんどん小さく詰まっているのが現代社会だ。世紀単位や歴史上の大きなイベントで生じる変化を捉えて、その波に乗る努力さえすれば個人も組織も生き残れた時代は、過去となりつつある。

日進月歩の熟語は今や「時進日歩」と言い換えられる。デジタル産業革命、DXの進行と、不確実性の高いリスクが頻繁に生じる中で、ますます変化のスピードは切迫力を持つ。そして破壊力も持つ。

時代はエクスポネンシャル（指数関数的）思考と思い切りのよい挑戦を要求している。リーダーは目先の積み上げに粉骨砕身することはもちろん、俯瞰的に、広く、遠く、時代とその大変化をジャンプして先取りしなければならない。

「骨太」だとか「ぶれない」という単語はご都合主義的に使われている。変化に対して微動だにせず立ち向かうのは、思想的には美しい。変化に対して対症療法的に右往左往するのは見かけ上もぶざまだからだ。

はたして変化を超えて事態が常に元に戻るだろうか。ぶれない物事もあるだろう。変わらない物事もあるだろう。部分的に元に戻って賞賛を得ることもあろう。一方で、二度と元に戻らない不可逆な変化に対して、とどまる選択肢は危険だ。必ず痛手を被る。すべてを失う最悪の事態もありうる。

ベンチャーの戦略戦術論にピボットするという単語が使われるが、軸足をしっかり保ちながら変化に適宜対応していくという意味において正しい。未来に挑戦するリーダーであることはベンチャーであることにも等しい。常にリーダーはピボットしなければならないのだ。

予見した外部環境や前提条件が崩れない限りはどっしりと構えておけばいいのだが、それがひとたび崩れ始めたときには、爆速で賢くも愚直に、右往左往すればよいのである。変化には変化で徹底的に対応するのだ。

もちろん非連続の予見を超える大変化が来たときは、軸足さえも自由にして跳躍して変化することで、大きく対応するべきである。つまり意図的に、恣意的に、突然変異を選択するのだ。

イデオロギーと虚構

目先や短期的な時間軸で目まぐるしく動く変化に対応しつつも、根源的なものや変わらぬものがあるという真実は、忘れてはならない。同様に、長期の時間軸で大きくうねるように変わるものがあることもまた、忘れてはならない。

ビジネスリーダーの先見先覚の力が創出するものがイノベーションであるが、イノベーションの位置づけは、革命とイデオロギーのような大きな変遷の理解なしには見えてこない。人類史の全体感をもって、イノベーションの意味と意義をリーダーは分かっている必要がある。人類史の、特に、長期の時間軸でうねるイデオロギーの理解と解釈は欠かせない。

イノベーションの上位概念に「革命」がある。複数のイノベーションや革新を包括してまとめ上げるのが革命だ。人類の悠久の歴史の時間の流れで、いくつか経験済みである。火と道具の発見に加えて、言葉の発明は類人猿からホモサピエンスになる革命だ。そして、農業革命、工業革命、デジタル革命と大きな革命を体験してきた。デジタル革命はまさに今起きている。

これらの大きな革命と革命の間や繋ぐ過程、また革命とイノベーションのレイヤーには、人類の同時代の共通認識や、受容思想のような空気感があるように思う。同じ時代に、同じ地球上（と言っても主には先進諸国中心ではあるが）で味わっている、賞味期限付きの生活価値観や、慣習や社会制度を支える基盤のようなものだ。これを「イデオロギー」と呼んでいいだろう。

ここでは悠久の歴史の変遷を経て、現代の人類が標榜するイデオロギーのメガトレンドをふまえておきたい。

異論はないと思うが、現代の人類社会（日本を含めた西欧社会）が近代から連なるイデオロギーの中心ととらえているのは、自由主義と民主主義と資本主義だ。中華人民共和国やインドや東南アジア等も含めると、支配的な人類のイデオロギーは、社会体制の見かけは別としてその本質は資本主義である。21世紀に入る直前からの資本主義は明らかに修正されて、金融資本主義となっている。

１９３８年から68年、そして１９９８年と、だいたい30年ごとに勢いのあるイデオロギーの隆盛と転換があったと、歴史学者で『サピエンス全史』のユヴァル・ノア・ハラリは指摘する。それは全体主義、共産主義、資本主義である。次の30年後は２０２８年となる。個人的には、ベーシックインカムを実現するユートピア個人社会主義（個人主義と社会主義が共存するコミュニティ）の入り口となるのでは、と勝手ながらの虚構として妄想している。リバタリアニズムのひとつの究極の形にも繋がるとも考えている。

さて、そもそもイデオロギーの前身、前駆体は、人類の中の一人の人間の個人的な虚構から発する。

自由主義とは何か。民主主義とは何か。そして資本主義とは何か。と、問われて唯一無二の答えがあるわけではないが、どういうものなのかを問われれば、教科書の答えは全世界で共通している。科学的には厳密なものではないが、あいまいではない。多くの解釈が存在し得る、普遍的なざっくりした骨太の枠組み、とでも表現すればよいのだろうか。

思うに、ある時代に大きな人類共通の体験をして、同時代に生きた人々が個人的に未来のあり方のそれぞれの虚構を描き、その個人的な虚構がどんどんと産出されてぶつかり合って、遂にはそれらすべてを包み込む普遍性のある大虚構が生まれ、振り返ればイデオロギーとなっているのではないか。

本章のはじめの俯瞰と三間で述べた、集合的無意識につながる話であるが、イデオロギーは集合的無意識の基盤の上に表層的に成り立っている、その時々の普遍的意識と解釈できる。普遍性を持つことになるかどうかは後年の歴史が決める。一種の作り話と言ってもよいかもしれない。

鍋をイメージすると集合的無意識は鍋釜で、イデオロギーは鍋蓋のようなものだ。

鍋料理をするときに鍋釜がなくては成り立たないが、鍋蓋は仮になくても問題はない。もちろん上手に美味しく仕上がるのであった方がよいに違いない。また鍋蓋は唯一無二でもない。使い勝手が良く、何か面白い利用ができるのであれば代わりの鍋蓋があっても構わないのだ。

要は鍋釜を前に、必要に応じてイメージが湧いたならば、オリジナルの鍋蓋を自由気ままに創造的につくってしまえばよい。

イデオロギーは所詮、虚構であると割り切ってしまえば話は分かりやすい。リーダーとなるべき人ならば、もっともらしい自分の信じる虚構をでっちあげればよいのだ。いい加減にではなく、至って真剣に、である。

例えば、金融資本主義のイデオロギーの中に産まれたイデオロギーのひとつでもある、昨今の現代貨幣理論ＭＭＴ（Modern Monetary Theory）という経済財政の理論も、よくできた鍋蓋のようなものである。

信用経済の信用の発行保証体である国家は、政府の公的独占資産の信用通貨をいくらでも自由に発行すれば良いという考え方だ。経済均衡の為ならば、紙幣の通貨で言えばいくらでも輪転機を回して刷ればいいし、ヘリコプターにどっさり積み込んだ紙幣を空からばらまけばよいとする。国家がいくら借金しても、経済均衡に資する仕組みと制度を準備さえすればよい。どうせ信用経済は信用で成り立っているのだから、信用を破壊せずにうまく信用を膨張させれば、財政も経済も回り続ける、との大胆な仮説である。

日本の国会でたまに真剣に議論となるプライマリーバランスなど、どこ吹く風だ。自給自足経済が成り立てば、これを経済の均衡と呼ぶのならば、やってみればよいかもしれない。もうここまで来れば後戻りは不可能だからだ。このＭＭＴなどはまさに経済学者と権力者の正々堂々とした虚構ではないか。

大胆な虚構は、いずれはさらに大胆な虚構によって打ち倒される。大胆な虚構は、振り返れば素晴らしいイニシアティブであったと賞賛され、あるいは危険極まりない思想であったと猛烈な批判を浴びることになる。

その時々の多くの信者を引き付けることができれば、それは社会的に意義のある構想となる。さらに多くの大衆を巻き込むことができれば、それはイデオロギーとなるのだ。

パラダイムシフト

虚構が支配的なイデオロギーになった暁には、新しいモノコトが市民権を得る。それを見越したまだ夜明け前から、これからのイデオロギーの下で活躍すると思われるモノコトが芽吹き始める。イノベーション、革新や新機軸と呼ばれる出来事だ。

普遍意識を形づくりつつある鍋蓋の下で、ごった煮になった様々な具材が陣取り合戦を始める。以前の鍋蓋の下では見向きもされなかった具材が新しいイデオロギーの下では魅力的に見え、人気ランキングの上位に食い込む。多くの人々が好んで競ってつまみはじめる人気具材、モノコトは、新しい鍋レシピだからこそ美味しく仕上がる。食すれば栄養となる。新しい時代になくてはならない素材となり、世の中を動かす道具となり、エネルギー源となる。

同時代を生きる多くのリーダーたちは、個々に様々な作り話を語る。最終的にその多くはひとつの大きな虚構に大合流する。しかし夜明け前は一番暗い。どんなに作り話を熱く語っても、誰も見向いてはくれない。具体的な行動にすぐに移すことは難しく、目立つこともない。まだ虚ろな作り話だ。絵に描いた餅、大きな未来予想図や、空想の抽象画でしかない。

しかしリーダーたちは決して諦めない。虚構が構想となってイデオロギーとなるまで座して待てない。できることから行動する。それは大合流するためのきっかけ探し、役に立ちそうなモノコト探しだ。

新しい鍋蓋の下で美味しくなりそうな具材を、誰よりも早く手に入れ、誰よりも早く試したい。前の時代の鍋蓋の下で人気だった具材に代わる、新しい具材探しに没頭するのだ。そうこうする内に、自ら新しい具材を見つけるか、同時代に切磋琢磨する他のリーダーたちが、思いもよらない素材を発明する。リーダーたちがそこかしこに産まれ、多くのモノコトが試される。その数はどんどん増えていき、やがては大合流するのだ。

これからのリーダーたちが見い出した素材、モノコトは時代を切り開く鍵や梃子となる。前時代のイデオロギーを創造的に破壊する推進力となる。鍋のレシピは刷新されるのだ。まるで江戸時代から明治維新へ文明開化したように。

新しいイデオロギーを実体化しようとするリーダーたちの手には、前時代と闘うための道具、言わば武器が必要だ。これからのイデオロギーを支え、形づくり、推進する未来を切り開く強いパワーが欠かせない。

武器は自分たちを守るためではない。不確実な未来だが、自分たちが信望する未来に向かって、果敢に攻め込むために用いられる。古い時代の武器は通用しない。未来に攻め込むことができる武器を手にする。武士の刀から、鉄砲や大砲に変わったように。

この武器が標的にする世界観をパラダイムと呼ぶ。武器の行使によって起きる現象はイノベーションや革新と呼ばれる。成功すればパラダイムが変わる。パラダイムシフトである。革命と革命の間や繋ぎを支えるイデオロギーの変遷の中で、多くの新しい武器が利用される。破壊そのものが目的ではないが、古いパラダイムを破壊しなければ、新しいパラダイムは創造されない。

パラダイムとは一般的に時代を支配する知の枠組みと解説されるが、未来を切り開く武器が標的にする世界観、と理解した方が面白い。パラダイムシフトを起こすためには波状的なイノベーションを仕掛けなければならない。波状攻撃ができる最新の武器が必要なのだ。リーダーが持つべき現代の武器とは何か。例えばDXデジタル技術、AIやロボティクス、ゲノム編集等に加えて、人と人を繋ぐSNSやC2Cモデルなどだ。産業構造や組織やバリューチェインの既存のパラダイムは、美味しい絶好の標的となる。

既に未来が始まっていることを私たちは知っている。デジタル技術やAIなどが創り出す世界観があらゆる破壊的創造を進めている。従来の世界観、常識は、忘却どころか思い出し笑いのネタとなりつつある。

「イノベーション」はヨーゼフ・シュンペーターが5つの定義で説明している。現代に利用される武器を例に挙げて5つの定義に当てはめながら考えてみよう。

「新しい財やサービスの生産」。例えば、SNSのような個人と個人をサイバー空間でネットワークする技術とビジネスモデルの普及だ。5Gや6Gの通信インフラはVR（Virtual Reality、仮想現実）などのXR（Extended Reality、仮想現実と現実世界を融合する技術総称）を活用した商品やモデルを加速化させるだろう。

「新しい生産方法の導入」。まずはマスカスタマイゼーションの生産方式を想定する。顧客一人ひとりにカスタマイズされた商品が注文から起動して生産される。もはや在庫の概念は不要だ。

「新しい販路の開拓」では、そのカスタマイズされた商品が顧客に自動的に直送される仕組みが自動運転システムとの連動で可能となる。マシンが個人に届ける機能を果たすことが一般的になる。

「新しい原料や半製品の供給源の獲得」。例えば、地球上で残された海洋資源開発や地熱発電、宇宙からの太陽エネルギー活用の能力と効率が高まる。３Ｄプリンターが完成品を届けなくてもよい仕組みを実現させる。

「新しい組織のあり方」では、おそらく従来の会社組織は半減し、新しい取り組みはプロジェクトベースでの離合集散組織が当たり前となる。


私たちは幸運なことに第四次産業革命がうねりだす時代に生きている。新しいイデオロギーの探索期に既に突入しているのだ。足元では連続的に破壊的イノベーションが進み、価値文脈の転換がそこかしこで起きつつある。旧人類の人々はその過程で疎外されるが、パラダイムシフトが仕上がった世界では抵抗なく受け入れられる。

これから次々と現れる多種大量のイノベーションがダイナミズムを生み、パラダイムシフトを起こし、それらが大合流するとイデオロギーが刷新される。リーダーたちが描いた大きな虚構が、社会の目指すべき構想となる日は近い。

誇大妄想

革命も、イデオロギーも、イノベーションも、パラダイムシフトも、変化を本能的に求める人間が創り出す現象だ。地球史の「人新世」に多くの痕跡を刻むことだろう。

人類をはるかに凌駕する超知的地球外生命体の文明文化があるとすれば、その変化の痕跡は誤差の範囲かもしれない。理由は、私たち人類はまだ有機生命体としての自分たちそのものに本格的に手を下していないからだ。

人類は進化はしてきたが、まだ進化する余地が大きいと個人的には考えている。遠くない未来に、例えばゲノム編集技術や遺伝子研究は新しい人類の設計やデザインを可能とする。あるいは機械優性生命体、アンドロイドへと人間を跳躍的に進化させるかもしれない。いずれも私たちが知らない人類だ。このようなSF的な仮説に対してはまだ拒否反応が強い。神の領域であり、生命倫理上も許されないというパラダイムが長く支配的だからだ。

しかし、科学技術の果実としての道具を身体の「外」で進化させて活用してきた人類が、遂には技術や道具を身体の「内」に組み込み、活用享受することを決意する日が必ず来ると信じている。それは死という概念が、個人の選択となる未来だ。

このような妄想がポーラスター、北極星のビジョンとなる。

人類の誰かが誇大妄想をたくましくしなければならない。さもなければ何も起きない。目指す確かな方向を共有しない限り、未来は永遠に現実とはならない。私たちが目指す遠い未来を、その不動の方向となるポーラスターを指し示すリーダーが必要だ。

自由に妄想できるのが人間の本能だ。個としての人間が自由に発想できるのは、真に変化を求めている存在だからだ。しかし集団化することで妨げられることもある。現状を逸脱する自由な発想を封じる力が働く場合である。それはコミュニティや組織が空気感として醸成する同化への圧力だ。

そもそも個と組織は、変化へのコミットメントにおいて相容れない関係なのかもしれない。組織にイノベーションをもたらすべきリーダーが、皮肉にも組織とは仲が悪いということになる。

しかしコミュニティや組織は、常に様々な危険や外的環境の変化、不確実で巨大なリスクに対峙しなければならない。これらが顕在化し昂じて組織を構成する個々人が未来に不安を禁じ得なくなると、ばらけた個々人が共通で信じたいモノコトヒトを本能で求める。

ここに至ってリーダーシップの機会はつくられる。リーダー待望論が浮上するのである。変化が目まぐるしく連続する時代にあって、未来の不安に応えられる、未来の希望をでっちあげられる、誇大妄想狂（メガロマニア）は現代の預言者にたとえられるかもしれない。一線を超えると大ペテン師でしかないのだが、社会的評価や過去の実績などの信用がバックボーンとなって、大ペテン師は魅力的なリーダーに見える。もちろん本人はペテン師のつもりはさらさらない。至って真剣で誠実で情熱的である。

パラダイムを創造的に破壊する武器を携えるメガロマニアは、自ら描く未来の狂信的信者なのだ。預言者、リーダーとなって人々の教祖となる前に、強烈な個としての生命力、バイタリティに溢れている。統制不可能な外部環境が変化する時代。イノベーションの不定形な課題創造に挑戦するリーダーの役割と責任は、会社組織や産業の盛衰の要となるのだ。

いずれの会社や組織でも、イノベーションこそ生存への道という常識を持っているにもかかわらず、イノベーションや革新的取り組みを総意でつぶすことが常態化している。それを仕方がないことと諦めている日本の会社がどれほど多いことだろうか。

組織の中のイノベーションを生み出す人材は、最初からリーダーと見なされることはない。超楽天的、変人、浮いた奴、奇妙奇天烈という印象を持たれることが多い。ビル・ゲイツやスティーブ・ジョブズは大きな組織では浮上できなかったかもしれない。ベンチャーだからこそ未来世界の預言者になれたが、それでも最初は敬遠された類だ。

彼らが描いた未来観は、最初は個人の勝手な妄想だと思われた。メガロマニアだから放っておこうと。しかし妄想が断然面白いと、フォロワーや小さなチームができる。妄想は現実化への歩みを始めるのだ。しかし現実は優しくはない。すぐに失敗する。何回も簡単に失敗する。チームは瓦解し、フォロワーは去っていく。

それでもリーダーはさらに頑なに、誇大妄想狂に成り切るのだ。熱狂的に不動である。メガロマニアは、根っからメガロマニアであることが、メガロマニアを際立たせて決定づける。狂人となるかカリスマリーダーになるかは、その後に歴史が証明することになる。

メガロマニアのリーダーは、原始的な性癖としてリスクと隣り合わせであることを楽しむ。ジョブズは靴も履かないヒッピー。ゲイツはスポーツカーを爆速で乗り回していた。今の国際慈善事業家ビル・ゲイツをリーダーのひな形だと信じてはいけない。メガロマニアは誠実に騙す天才なのだから。

自己啓発

後天的にリーダーの先見先覚の力を得るためには、自己啓発、自己鍛錬が欠かせない。まずは人間としての原始的欲求である、好奇心を、徹底的に広く強く高めることだ。そして、多様で異質な他者との交流や、多くの異文化体験を積み重ねることが求められる。自己内外のあらゆる機会を利用して精神を磨き上げるのだ。目的的に体験を積み重ねるだけでなく、多種大量な経験でセレンディピティ（偶然の幸運）を目指したい。自己啓発の飛躍的成長は意外性のある機会にこそある。果実を獲得し、実践に落とし込むために、自らに反《かえ》る鍛錬も忘れない。自己のアイデンティティの根を張れば、仲間と共にさらに成長できよう。

ソクラテスとＭＢＡ

誰しも市井の大哲学者、ソクラテスやプラトン、アリストテレスに成れる。『ソフィーの世界』（1991年に出版され世界で2300万部以上のベストセラーとなったファンタジー小説仕立ての哲学入門書。14歳の少女である主人公ソフィーが深遠なる哲学の問答を通して学び成長する）に入り込めるのである。

なぜなら人は、生まれついて知への欲求があるからだ。

知への欲求の学問領域をフィロソフィー、哲学と呼ぶ。智恵の神はソフィアである。哲学と呼称すると遠く感じるが、知への欲求を持つ限りにおいて『ソフィーの世界』の主人公は、外ならぬあなた自身である。

なぜ知への欲求があるのだろう。別の単語で表現すると好奇心となる。好奇心は誰しも子供のころから、誰に教えられることもなく強烈に持っている魂ではないだろうか。

好奇心を持つ者は、常態常識の中に危険と未知の可能性が同時に潜むことを、直感的に理解している。当たり前に潜むとらえどころのない危険の中に、新たな可能性を洞察し見抜く力の源泉が、好奇心だ。

人間誰しも本能的に知を欲するとはいえ、その程度はかなり違う。

大人になる過程で知の欲求を放棄していく人間が多い。これではチコちゃんはもちろん星の王子様にも叱られる。一方で、大人になっていく過程で、知の欲求が対象を見つけて集中するあまりタコツボに入り込んで世界を見失う人間も多い。

ビジネスリーダーたるものは何歳になっても、森羅万象に対する知の欲求に駆り立てられる人でなければ務まらない。

会社経営の基礎知識として、ビジネスリーダーを目指す人がＭＢＡ（経営学修士）を修めることは基本的にはお勧めであるが、絶対にやってはいけないことが3つある。ＭＢＡをとること自体が目的となること、職業経験を積み重ねずにＭＢＡをとること、そして、ＭＢＡをとってから現場体験をなおざりにすること、である。

１９９0年代にＭＢＡの最高峰である米国ハーバード大学出身の著名な19人の米国人ＣＥＯのリストが出版されたが、２０００年には既に10人が経営での失策を喫していた。株主に解任されたり、合併に失敗したり、会社を倒産させたＣＥＯもいた。残りの４人は判断が難しく、成功と言えたのは5人だけであった。一般的にはＭＢＡによって箔が付き、高い報酬をもらうことが多い。生活も派手になり、世の中の普通の生活者視点や、時給で働く現場の労働者との接点がなくなる人が多い。これでは何のための経営学なのか分からない。

経営学とは天道につながる、人間の組織を運営するための現場の智恵の学問であるはずだ。現場の智恵の学問であるとは、さらにそれを修めてからのち、さらに知への欲求が現場のただ中にあって爆発するという示唆である。

ソクラテスの「無知の知」は、ソクラテスがエリート志向でなかったお陰で弟子のプラトンを通して2400年を超えて伝承されてきた。

『ソクラテスの弁明』に「この男もわたしも、おそらく善美のことがらは、何も知らないらしいけれども、この男は、知らないのに、何か知っているように思っているが、わたしは、知らないから、そのとおりに、また知らないと思っている。……つまりわたしは、知らないことは、知らないと思う」とある。つまり実際には、無知であることは無知と誠実に認める、というのが原典である。

無知であることを素直に悟ることが、まさに好奇心の原点にある。無知を無知と積極的に認めることで、茫漠と広がる無知の荒野が眼前に立ち現れ、純粋に知的好奇心を持つ人間たちをドキドキさせ、駆り立てるのである。有限の生命の私たちの知識や智恵など、無知の大海に浮かぶ小島のようなものである。

それが分からずして、資格だろうが学位だろうが免許皆伝よろしく人よりも明らかに優れた人間であるという優越感や選民意識を持つ人間は、いやしく哀しい存在だ。

ソクラテスは正義のために自ら毒をあおる決断をした。正義とは何かを問う知的好奇心からの投げ掛けであったかもしれないが、無知の知を貫くために、ソクラテスには何としてでも生き抜く決断をしてほしかった。

人間は限られた人生を、永遠の知的欲求の放浪者として生き抜くべきだ。

ソクラテスの時代から連綿と続く命題であり、それこそが善である。善はよく生き抜くという意味だ。そして善を貫き、最善とする生き方を示すことが、コミュニティの中の人間リーダーの役割ではないだろうか。

知的欲求の放浪者としてよく生き抜くことこそが、自己を啓発し、啓蒙し、鍛錬して、琢磨するということである。その過程でリーダーシップの機会が生まれる。その機会を目を輝かせて前のめりにつかまえに行く者がリーダーである。リーダーは結果としてなるものだ。生まれついてのリーダーはいない。知的欲求の放浪者として自分探しを粘り強くしつこく続ける人間に、その結果はついてくる。

NPO法人ISLでは、「はじめから立派であるリーダーは存在しない。人は行動を通じて、リーダーに成長する」と提唱する。そしてその原点は、人を導く前に自身を導く「リード・ザ・セルフ（Lead the self）」にある。リーダーを目指すあなたへ。行動するソフィストになることから始めようではないか。

異文化体験

米国の多くの優れたビジネスリーダーは、日本で発達した禅思想と座禅などの瞑想体験を好む。禅の空間や場も好む。さらには日本のわびさびを高く評価する。

スティーブ・ジョブズは有名すぎるので、ここではTwitterの創業者であるジャック・ドーシーを紹介したい。お家騒動で一度は追われたTwitterに再び復帰した時に、全社員にL. Koren『Wabi-Sabi』を配った。日本の禅のわびさびのこころから、社員一人ひとりが何かをつかめ、というメッセージである。

来日時のインタビューにドーシーは、「わびさびは両極端の対比の中で美しさを見い出すことと捉えている。温かさと冷たさ、素朴なものと近代的なもの、居心地の良いものと無機質なもの。2つの対照的なものの間に美学がある」と答えている。

『Wabi-Sabi』の中の好きな一節に、僧侶が道の落ち葉を掃き、その後に数枚の葉を震えながら戻すというシーンがある。秩序の中にさりげない無秩序が必要であることに、深い意味合いが解釈できる。

「人生も同じで、その間にあるものを模索することが大切だ。会社もまた同じ。会社組織を作り上げていく上で絶妙なバランスを取っていくことが大事になる。私たちはそのバランスの中で、うまくいく方法を見つける。それを誇りに思うし、居心地がいい」と。

二項対立が好きで、結論を急ぎ、白黒の正義をかざすのが大好きなアングロサクソンにとって、異質の文化との衝突と交流である。

この衝突と交流が、リーダー自身とその組織を進化させる。従来の自分たちからの非連続な脱皮をさせることになる。リーダーはそれを知っている。

異質の文化との衝突と交流は、リベラルアーツの目指すところだ。リーダー人材の開発にはリベラルアーツは必須だと言われて久しい。いわゆる教養、好奇心の究極のダイバーシティが、人間力のあるリーダーの成長には欠かせない。

先に紹介した二代目伊藤忠兵衛も、役員の反対を押し切って7カ月間という短い期間ながらも英国留学を体験したのが、若くしてリーダーとなるきっかけになった。明治42年において、英国は日本と異質の文化文明大国であったことは明白だ。そもそも明治維新の鹿鳴館に代表される西洋化は、岩倉具視視察団の洗脳の成果だと言っていいのだから。

異文化体験は、地球上のあらゆる地域と国家への旅行や滞在、しばらくの生活で、手軽に、刺激的に楽しめる。若い間に、好奇心とある種の恐怖心とともに、未知の別世界に飛び込んでみることを強くお勧めしたい。現地を生身で体験することは、ＸＲ技術が進化しても、身体が物理的にある限りは、想像を超える化学反応を起こすきっかけになるだろう。

他にも身近な異文化体験として、他人との交流をお勧めしたい。

性別、年齢、職業などのマーケティングで言うデモグラフィック属性において、自身とは異なる属性を持つ人々との交流が良い。できれば遠い属性であればあるほど為になる。昔から新しい生活習慣や価値観を生み出すのは、「女性、若者、よそ者、馬鹿者」と相場が決まっている。

つまり交流すべき相手は、自分がまったく知らない、知ることができない世界に生きている人たちだ。

もしあなたが男性で分別のある年配者であれば、頑固で保守的で世間から見放されていると思えばよい。啓発どころか退化を余儀なくされている。

ならば、この4種類の人間たちとの交流を積極的に実行すればよい。義務感ではなくワクワクする子供のような好奇心を持って、是非とも直ぐに取り組んでほしい。

一方この4種類に属しているからといって、オジサンよりも退化している人たちも多いので気を付けてほしい。若者なのに大人たちがつくった世の中の体制や状況に不満を感じない人たちがいるので要注意だ。若者は根っからの反体制派であるべきだ。

性差や年齢差だけで敬遠しがちな人は、まずはその無意味な抵抗感を克服する。日本国内ならば、関西人と関西弁が苦手な関東の人は、まずは関西でしばらく暮らしてみるとよい。東京生まれの東京育ちで、大企業に就職してから大阪に赴任し、30年間二度と東京に戻らず、遂には西日本担当役員になった知己がいる。

御仁曰く「会社人生のキャリアなんて問題やおまへん。経験してみんと分からん現実ですな」と。まったく土着の関西弁で語られたのには思わず吹き出してしまった。

デモグラフィックの属性の中で、異文化体験が容易でないのは、所得や資産格差の人たちとの交流だ。富裕者が庶民の貧乏生活に降りてくるのは、好奇心を持って決意さえできれば可能だし、そもそも清貧の富裕者は意外に多い。しかし貧乏人が富裕者の体験をするのはハードルが高い。

かような容易でない異文化体験の挑戦には、とにかく徹底して友達を増やすしか良策はない。どんどん友達を増やしている内に、そのような異世界の人たちとの接点は必ず見つかる。デジタル世界の様々なＳＮＳが助けてくれるだろう。緩い交流であっても、その空気感や生活感度を垣間見ることができれば、疑似体験はできる。とにかく異文化体験をしよう。好奇心旺盛に何でも見て、何でも触って、何でも試して、何でも経験してみよう。全身全霊をセンサーとして、その体験過程に観えてくるものをしっかりつかみ、うわばみのようにとり込んでいこう。

セレンディピティ

スマイルズの『自助論』に、「賢者の目は頭の中にあり」とある。賢者は多くの大衆の目の使い方と違う目の使い方をしている。つまり、ただ漫然と見ているのではなく、頭の眼で、目前の事実をよく観ているのだ。

先見先覚の先覚とは、人間の本能的な五感で触覚し、感じたものを頭脳で観ることだ。五感の感覚を頭脳で統合して、未来への意味合いを考えるということである。

そのためには常に意識して見る癖をつけること。よく見る癖がつくと、その内に、無意識ながらもよく見ている状態が日常となる。ある時は意識して、ある時は無意識に、見たものから刺激やヒントや示唆、発想や洞察を得ることができるようになる。よく見る癖がついた頭脳の眼が、覚醒しながら細心の注意をして観ているからだ。

そうこうしている内に、木から落ちるリンゴを見て万有引力の法則を思いついたりするのである。これが「セレンディピティ」だ。

目で現象を見るのではなく、ニュートンの頭の眼がその意味をとらえた瞬間だ。

アルキメデスの浮力の原理も、コロンブスのアメリカ大陸も、レントゲンのＸ線も、フレミングのペニシリンも、各々の賢者が頭の眼でモノコトを観ていたからこそ発見することができた。日常生活でお世話になっているテフロン加工のフライパンや食品用ラップフィルムも、この頭の眼の賜物だ。

いずれも有名な例で自分は関係ないと思いがちだが、実は多くの人が様々な経験の中でセレンディピティに遭遇している。セレンディピティとは、偶然出会える幸福、を意味する。本来の目的の過程で、探していたものとは別の価値あるものを偶然に見い出すことがある。気分転換で出かけた旅先で、生涯を賭けたい職業と遭遇することはよくある物語だ。

また本来の目的とはまったく関係のない場やモノコトとの遭遇で、偶然にもその目的を実現するヒントをつかむことがある。ニュートンのリンゴはその代表例だ。

歴代の日本のノーベル賞受賞者である湯川秀樹も、白川英樹も、小柴昌俊も、田中耕一も、すべての研究者が、セレンディピティでの幸運な発見であることを認めている。

白川英樹博士は東京工業大学の助手時代に、大学院生が触媒の濃度を1000倍間違えてできた失敗作からヒントを得た。田中耕一博士もＵＦＭＰ（微細金属粒子）の混濁液をつくるのに、アセトンと間違えてグリセリンを使う失敗をした。捨てるのが勿体ないのでグリセリンを蒸発させるべくレーザー照射をして、スペクトルを漫然とモニターしてみたら、なんと今まで出来なかった測定ができるようになったという。失敗にも食らいつく根性と姿勢が、頭の眼の働きのお陰で、世界初の発見をもたらしたのだ。

どんな分野であっても、セレンディピティを現実化できる人材は、結果として、その分野のリーダーと目されることになる。

特に科学技術の研究開発分野では、セレンディピティによるビフォーアフターは天地の差だ。ビフォーはマッドサイエンティストか地味なオタク。アフターは世界の科学界をリードする先駆者となる。

そもそもセレンディピティの単語の源は、『セレンディップの三人の王子たち』という5世紀ごろにペルシアでつくられた物語に由来する。

16世紀のイタリアに伝わり、まさに偶然なる幸運にも18世紀の英作家H・ウォルポールがその物語に出遭い、感銘を受けて創った造語がSerendipityである。

物語は、旅で見聞を広めるセレンディップ（今のスリランカ）の三王子が主人公だ。ベーラムの国でラクダ泥棒の疑いをかけられたが、賢い機転によって晴らし、奇しくも皇帝の命を救う。皇帝の信頼を得た三人は、奪われたベーラムの宝「正義の鏡」を奪還すべく、インドへ再び冒険の旅に出る。旅の途中で様々な道草的な事件やイベントがあるが、それぞれに意味があり、結果としてすべてが幸運につながる。

造語セレンディピティは、予期せぬ発見をもたらす偶然の幸運、という意味になった。セレンディピティを意図的に実現することは叶わない。もし可能であれば、それはセレンディピティではない。

しかし、逆説的ではあるが、意志を持ってセレンディピティを目指すべきである。

では、どうするのか。要は、突き詰めて実践し続ける。創造的試行錯誤を徹底的に楽しむ。それでよい。取り組む前に悩まずに、まずはやってみること。失敗しても悔やまずにその機会を利用すること。引っかかることがあれば忘れようとせずに、気に病むことだ。

そして、たまにはまったく関係ないことも勉強してみる。好奇心を拡げて、今まで関係のなかったモノコトにも触れてみる。好奇心旺盛に、どんどんと異文化体験を楽しんでみる。偶然にも幸運な、予想外の発見をする能力は、先天的なものではない。自分を励まし、盛り上げ、駆り立てることができればよい。がむしゃらな行動と共に自然と身につく能力なのだ。

アイデンティティ

自己啓発や鍛錬を自ら進んで、しかも楽しんで取り組める人間でない限り、リーダーシップの機会には遭遇しない。自己啓発や鍛錬といっても、閉じられた世界観での研修プログラムでは十分に代替できない。リーダーシップの技術やハウツーを教えることに重点を置きがちだからだ。その場だけ高揚感のあるテクニカルな研修にとどまることが多い。リーダーになるためのリーダーシップ理論に昇華させてしまうのも考えものだろう。本書がリーダーシップ理論書ではなく、リーダーとリーダーシップにまつわるエッセイ風啓蒙書の体裁となったのは、それを避けたい思いからだ。リーダーシップ理論を修めても、決してリーダーにはなれない。ましてやコーチングやリーダー作法のような手法や型を会得しても、「リーダーっぽい振る舞い」ができるだけで、すぐに化けの皮が剥がれることになる。

結局、自己啓発と鍛錬の根っこは、徹底して自分に向き合うことである。自分を厳しく問いただすこと、自分を正当に批判すること、一方で自分を真っ当に称賛することなどが、独立的自律的にできることが求められる。外界との動的で多面的な交流を持ちつつ、自身の内側との深く真摯なる交流が必要なのだ。

「君子は自ら反《かえ》る」、「自反《じはん》」は論語の根本精神だ。自分で自分に反る。あらゆるできごとに対して、深く内省する精神である。それが自己の自立と自律を強めることとなる。

自反の反対は、自己疎外とも呼ばれる。偽のリーダーは自己疎外する。自己に反ることなく、他のリーダーやコンサルタントの話に心酔し、深く理解しないまま呑み込んでしまう。それを軽薄にも受け売りし、自慢気に語ることになる。自己の存在があやふやで、自己の行動に無責任である状態だ。結果責任を他責にするのも、自己疎外のひとつだ。

真のリーダーは自反し、そして「尽己《じんこ》」と締める。内省し、自己の最大最善を尽くすのだ。「自反尽己」によって、人は自らの足で立つことができる。成長すればするほど、良い意味での唯我独尊の精神にも連なる。大衆の中にあって自反尽己を行う人間が、際立って存在感を示すのだ。

自反尽己を行う人間には、独自性があり、個性が際立つ。リーダーになるべき人はアイデンティティの権化である。大衆にあっては常に目立つことになる。組織や集合体の中にあっても、決して容易く同化しないのだ。他に代わり得ない、模倣困難性があってこそのリーダーである。

自己認識を強くして、模倣困難なアイデンティティを強烈に示威するべきだ。組織やコミュニティにしっかりと根を張りつつ、自己を際立たせる。もちろん自然にそうなるのが、結果としてのリーダーでもある。


現代のデジタル化された世界は、情報の過剰流動性と消費の需要余剰性を生み出した。情報消費者であり経済生活者である個人は、様々なうねりに押し流され、漂流を始めている。ＡＩ技術が極まれば、あらゆる未来の予測がある程度可能となり、個人は受動者となる。生産性が高められ、効率化が極まれば、人間はデジタル世界の巨大装置の部品でしかなくなる。そのまま放置すれば、人間は代替可能な存在となっていくのだ。

私たち人間は、それを望まない。

模倣困難性がある、アイデンティティに溢れた人間臭い人間の出現が待望される時代に突入したのである。様々なアイデンティティが尽きることなく現れることで、未来社会も組織も個人も、多様な選択肢に恵まれる。少々乱暴で混乱した方が面白い。

そもそも先見先覚の先見の明は、模倣困難なアイデンティティのあるリーダーの特権だ。アイデンティティを自負する多くのリーダーたちが、気ままにそれぞれの世界や分野で先見の明を披露して発揮する。多様なアイデンティティを持つフォロワーたちも独自の先見の明、未来解釈にそれぞれ惹きつけられるのである。

そこに模倣困難な特異なチームが形づくられる。組織にもアイデンティティが宿るのだ。


リーダーの自己啓発と鍛錬は、「理」ではなく「業」であるととらえれば分かり易い。焦燥感や夢や想いの強い個人が、自分と向き合って、自分が何者かを自己に突きつける、比叡山の千日回峰行の修業のようなものである。

自己のアイデンティティを深く掘り下げ、自分以外の誰にも代替不可能である時と場所を求めて、探し続ける挑戦だ。

現代の修験道者のごとく、自己啓発と鍛錬への深くて鋭利な意志が必要だ。

平安時代の末期、山伏と呼ばれた修験者は熊野参詣者の安全を確保し、導く際の儀式を行う熊野先達と呼称された。先達とは学問、技芸、修行などの先輩を指し、また諸山参詣者の宗教的指導者、すなわち道案内者の意味となった。

リーダーは先達である。リード・ザ・セルフ（自己を導く）で、まず自分が心底納得できる独自の道を見つける。そして道を求める仲間を導く。導かれる者たちは、見聞きしたことのない、独自性のある、初めて歩く道に人生を賭けることになる。

第2章　リーダーの人心収攬の力

傾　聴

リーダーの人心収攬の力には、人々とのコミュニケーションの上手さが求められる。コミュニケーション能力では説得力に重点を置きがちだが、それ以上に重要なのは傾聴だ。相手に傾きながら自身の体幹を保ち、聞いたふりではなく聴き込む姿勢だ。主題以外のくだらない話や、耳の痛い話も、身体を使って全身で聞き耳を立てることで間主観性が生まれ、コミュニケーションを通して信頼が生まれる。ビジネスでは現場を歩き回ること自体が傾聴である。一方、踏み込み過ぎることで関係を遠ざける危険性について注意を喚起したい。

リッスンにはじまる

事業戦略や新規事業創造について、ベンチャーキャピタリストとして現場にコミットするだけではなく、その経験を教える機会が増えてきた。なかんずく自然と増えた内容がリーダーシップに関する問いだ。

昨今は良い意味でも好ましくない意味でも、コーチングについて学ぶ機会が増えている。ビジネスリーダーがコーチングを受けることもある。

コーチングでの人の話を聞く姿勢とリーダーシップのそれを質的に比較すれば、コーチングは尋ねる、受け入れるという姿勢で、リーダーシップは聞き耳を立てる、切り込むという姿勢となる。

話し手へのインパクトの違いはかなり大きい。切り込む姿勢で聞き耳を立てられると、話し手は緊張感が高まる。反発するか、素直になるかのどちらかの選択を迫られるようだ。


ビジネスリーダーの研修プログラムの一場面を共有したい。

アイスブレイクを兼ねて取り組んでもらうのが、「LEADERのそれぞれの頭文字をとって、リーダーたるものの心構えや実践を英単語の組み合わせで示せ」という課題だ。皆さんも一緒に考えてみてほしい。もちろん正解はない。

最初のLは何を表すか。心温まるアウトプットはLoveだろう。リーダーたるもの統括する組織の構成員全員を愛するべきということには納得感がある。EはEducateとする人たちが多い。日本民族は基本的に学ぶことが好きだからか。Aは共通してAct。DはDecideがほとんど。Eは二回目に出てくるのでEncourageとすることが多いようだ。そして最後の締めくくりは、名詞形でResultやResponsibilityを置く。正解はないが、私が示すひとつの在り方として、Listen、Explain、Assist、Discuss、Evaluate、Respondと分解する。

説明を加えると、リーダーたる者、まずはよく聞く。つまり傾聴にはじまり、自らの方針をよく説明して共有し、部下の判断と行動を支え、障害や問題が生じたときにはどのように解決するのかしっかりと納得するまで議論し、すべての行動を終えたら冷静に検証評価し、すべての説明責任と結果責任を自分が取る、という心構えと実践の流れだ。

リーダーの行動の原点は、Listenにはじまることを強調したい。

Listen＝リッスン、ただ日本語で聞くという意味ではなく傾聴という単語がピタリと当たる。「聞いています、分かっています」の口癖の人は要注意だ。言葉で「聞いています」という単語を使えるほど、本気で聞くことは容易ではない。

真に聞くことは、しゃんと姿勢を正し、全身全霊で耳を傾けるということだ。聴くという漢字を分解すると、耳へんに十の目と心と書く。ただ耳だけで音を聞くだけではなく、目を凝らしながら、心を開きながら、相手の言霊を受け取るという意である。

受け取る量を最大にするためには、相手側に傾きを持つ。ビールを注いでもらうときにコップを相手側に傾けなければ、泡とともにバランスよく最大限注いでもらえないのと同じだ。相手に自らを傾けるのである。

傾聴できるほど、つまり相手に傾きをしっかり保てるほどに、自らの体幹をしっかりさせる必要がある。自らの体幹とは、自らの意志である。リーダーとしての強い想いだ。

歴史の伝説的人物には、リッスンに始まりリッスンに終わる逸話が多い。

聖徳太子は同時に10人の話を聞き取った、リッスンの奇術師と伝承される。徳川家康は肖像画にあるように、あの大きな耳で個性的な配下の武将たちの侃々諤々の意見をよくよく聴いたとされる。徳川四天王と呼ばれる酒井忠次、本多忠勝、榊原康政、井伊直政が有名だが、さらに12人加えた徳川十六神将、さらには徳川二十八神将の家臣団リストもある。いかに多くの知将や武闘派の武将を傾聴しながら束ねていたかがうかがい知れる。

家康曰く、愚かなことを言う者があっても最後まで聴いてやらねばならない。でなければ聴くに値することを言う者までもが発言をしなくなる、と。武田信玄も然りである。

自分の体幹を保ちながらの長年のリッスンの習慣が、リーダーを形づくるのだ。無駄になる傾聴もさらに積極的に傾聴することが、傾聴の奥義である。

福音書と孔子家語

世界で親しまれ多くの人々を動かしめる黄金律を2つ。

まずは『マタイ伝福音書』7章12節にあるイエス・キリストの言葉「何事でも人々からしてほしいと望むことは、人々にもその通りにせよ」である。

情けは人の為ならず。「お互い様」という言葉には、この黄金律が宗教・民族・国家を超えて、私たち日本の伝統文化と生活の中にも深く根差していることが分かる。

これは傾聴の奥義である、無駄になるかもしれない傾聴をお互い様の精神でやろう、という暗黙の了解だ。


フォロワーや仲間たちは、リーダーの嘆息や小言や叱る言葉などを、思いがけず全身で聞いてしまっている。リーダーが思っている以上に敏感に聞き取り、何とか聞き流そうと頑張っている。フォロワーは期せずして傾聴しているのだ。ならばリーダーは率先して、フォロワーの積極的な意見や提案はもちろんのこと、様々なクダラナイ文句や言い分、言い訳を聞いてあげることが大事だ。お互い様である。

社会人として最初の会社に入ったときに体験する、哀しい、時には不愉快な体験がある。それは上司に意見や提案を無視される、却下されることだ。

「何を甘えたことを言っている」、「青臭い経験不足の新社会人にとっては当たり前の試練だ」とお叱りを受けそうである。確かに新社会人に付きまとう話だ。必ずしも正当な意見やまともな提案でもない勝手な主張、うまくいかなかった時の言い訳に対して、上司がまったく聞く耳を持たないのは当然である。個人的なことで悩み、ストレス耐性がまだ不十分だと、つい非論理的な言動に走ってしまうものだが、会社も上司もそれを許さない。社会に出れば当然と言えば当然だが、社会人になりたての若者はすぐに分別のある大人にはなれないものだ。

上司の皆さんも自分が若かりし頃を思い出してほしい。お互い様の精神でたまには前のめりに聞き耳を立ててあげてはどうだろうか。

もうひとつの黄金律は、『孔子家語』の六本第十五にある「良薬口に苦けれども、病に利あり。忠言耳に逆へども、行ふに利あり」と。

害がありそうに感じる薬や耳の痛い忠言には自身を利する、本当に自分のためになるものが含まれているという意だ。深い交友関係や強い信頼関係を構築するのに、この洞察と体験は欠かせない。日本人は本音と建前を使い分ける癖がある。建前で忠言を受け入れ、本音で拒否することがあるので、この黄金律をくれぐれも肝に銘じるべきだ。

若気の至りの言い訳なら聞いてあげるが、自分に対する批判や文句は聞き捨てならないというリーダーもどきは、質が悪い。批判には、確かに不条理でまともではないものもあるだろうが、中にはきらりと光る示唆に富む箴言もある。特に信頼すべきフォロワーからの意見や批判は、傾聴に値する以上の価値がある。

リーダーに対してまともに諫言できる部下がいれば、それは宝の人材だ。古今東西の人物伝承、特にリーダーに関わる逸話では、配下の諫言を受け入れる度量のあるリーダーの成功事例に枚挙のいとまがない。

孔子はこの黄金律に続けて、いくつかの人物伝を挙げている。殷の湯王と周の武王は喧々諤々と王に忠告した臣下が居たから国が栄え、夏の桀王と殷の紂王は唯々諾々と王にへつらう臣下ばかり居たので国が滅んだと。そもそも過ちのない人間など存在しないのだから、耳に痛い忠言は良薬として進んでのみ込むべきだ。

先に触れた傾聴の化身の徳川家康曰く、「およそ人の上に立って下のいさめを聞かざる者の、国を失い、家を破らざるは、古今とも、これなし」との名言がある。多士済々の有能な家来たちをことごとく引き付けた家康らしい達観である。

他にも中国故事では、唐代の李世民が傾聴の代表格として敬われている。

貞観の治と呼ばれる善政を実現した第二代皇帝の太宗だ。呉兢編纂とされる『貞観政要』では、太宗の人材登用や臣下との対話について、全十巻四十篇に渡って太宗と45名の重臣たちとの生々しい問答が記録されている。徳川家康が生涯学んだ書でもある。

徳川家康にも二十八神将が居たが、さすが中国である。臣下の数も格段と多い。中国では秦の時代から皇帝に政治上の意見を述べる重臣として、諫言を担当する「諫官」と呼ばれる役割があった。

歴代皇帝に多くの諫官が居たが、まともに彼らの諫言を受け止めて悩み、考えや言動を是正したのは太宗ぐらいではないかと言われる。諫言が過ぎれば左遷、最悪は死刑が必然だから、本当に耳障りな諫言ができようはずがない。皮肉にもイエスマンしか諫官になれなかったのだ。

いつの時代にあっても、君側の奸、奸臣に囲まれているリーダーが、賢い政治、優れたマネジメントを実践することはない。

間主観性

小難しい概念となるが、傾聴の到達点を哲学的本質から問い直したのが「間主観性」の実現である。リーダーの素養にはリベラルアーツが必要だが、哲学はあらゆるモノコトの本質的考察を助ける教養としてお勧めしたい。

間主観性は現象学の哲学者フッサールの思想だ。ざっくり解説すれば、複数の多様な人間の主観が交錯しぶつかり合うことによって客観的主観がつくられるという意味だ。メルロ＝ポンティはそこに身体性を加えた。身体は主観であると同時に他者からの客観であるから、同時に共存することを目指す。主体的に身体で現象の本質をとらえ、他者の異なるとらえ方の本質もとらえる。さすれば個人的世界に閉じ込められた主観を超えた客観的主観が見えてくる。身体を通しての間主観性だ。

ポンティは従来の哲学が思索や精神の世界に専ら依拠していたことを批判する。

乱暴に解釈するとビジネスの世界でのビジョンや戦略と、物理的な組織と人間たちの実践に起きるズレに似ている。リーダーシップの理論と実践のズレでもある。

絵に描いた餅ではなくビジネスの身体性、つまり組織と構成員という身体性のある生身の物理的な存在同士が異なる主観を持ちながらぶつかり合う。小競り合いをしながら、互いの主観を移し替えながら、互いに取り込み、客観的な目指す主観を創り出していく。

ビジネスの世界での組織内コミュニケーションの目指すところは、リーダーの掲げる理論である共通の目標やビジョンや戦略の浸透と定着化である。組織内の構成員が体感として紡ぎ出す、共有する客観的な主観となることを目指すのだ。コミュニケーション自体が自己目的的にただスムーズに滞りなく行われることではない。組織の構成員全員が納得し、自分のものにし、行動に落とし込む必要がある。

哲学でもビジネスでも心身二元論に陥ることは多い。頭と精神で分かればいい、否、まずは経験がなければ何も分からない、という水掛け論である。

もちろんどちらも正しく、どちらも正しくない。現実的な方向性は融合し同時に実現することを目指す。経験を精神に反映し、精神を行動に反映させる同時スパイラルの循環を生み出すことだ。

かように間主観性の実現が傾聴の目指すところだととらえると、傾聴の深淵な意味合いが見える。傾聴するとは、主観を持った個人が別の主観を持った個人に入り込み、その主観をあたかも自分のそれのように深く理解するという、身体的精神的同時実現の行動なのだ。リーダーと仲間たちの間でこの繰り返しが際限なく行われることによって、リーダーが導く組織の動的目標が「見える化」し、やがて爆走に向けての推進エネルギーが充填される。それは取りも直さず、リーダーとフォロワーたちの間に固い信頼関係が構築されるという証明でもある。

現場傾聴

傾聴する時機、場所や環境を選ぶことは、リーダーの心得である。

傾聴が大事だからと言って、まだ自分の中でも整理がついていない相手の心の中にずかずか入り込んで聞き耳を立ててもはじまらない。矢継ぎ早に質問や疑問を浴びせかけ、まだ意味を持った反応ができない相手から無意味な言動を得ることは、無価値どころか相手を困惑させるだけだ。

言葉だけですべてを聞き取ろうと焦ってはならない。すべてを分かった気になってはならないのだ。まだ言葉として落とし込めていないこともたくさんある。まだ輪郭がはっきりせず、明確に言語化できていないこともある。言葉ではすべてを表しきれないのである。このような時機での聞き込み、傾聴は意味をなさない。

傾聴に代わり得る、傾聴と共にあるべき、有効なコミュニケーションとは何か。

それは現場に身を投じることだ。現場に身をおき、全身と五感で聞き耳を立てることだ。いわば全身を耳にして傾聴するコミュニケーション行動を起こすことである。耳へんに十の目と心の「聴く」という単語は、よく見て心で感じるという意味であると先に書いたが、現場に身を投じることで実際に身体と共に実践できる。

このことは実は、日本の昭和の製造業の現場では自然と実現できていた。すり合わせが上手な日本企業はこの現場傾聴の間主観性ができていた会社組織である。

一方で経営と現場が遊離しがちだった米国では、ジャック・ウェルチが「ワークアウト」で現場復権を目指した。現場をチーム活性化の原点にしようと目論むのは、どの国のいかなる文化を背景にした会社であっても同じだ。ビジネスリーダーが実現したい生産性の向上や独創性やイノベーションの発現は、すべて現場にかかっている。

官僚制に凝り固まっていた米国のGEを、10年かけて現場の社員のものとした企業文化変革の試みは、このウェルチのワークアウトから始まった。これには4つの目標があった。①信頼関係を築く、②従業員に権限をゆだねる、③無駄な仕事を排除する、④企業文化を広める、だ。

巨大組織に埋もれている社員がマネジメントに直接意見を伝えられる場が必要であり、タウンミーティング（語源はニューイングランド地方で市民が地域の代表者と話し合った制度）がその場となった。幹部から時給社員まで50人程度出席して自由に意見を述べるこのミーティングは、企業文化に根付くほど徹底して続けられた。

現場の一人ひとりが顔色を変え本気になっていったその成果について、ウェルチは語る。「スピード、簡潔、自信。我々はこの3つの企業倫理を育てていくことによって、企業の力を引き出すと同時に、従業員のはかりしれない生産能力を開放し、発揮させることができる」と。

「アメーバ経営」を提唱した京セラの稲盛和夫と、和洋の違いこそあれ、リーダーとしての現場重視の思想の根っこは同じである。

ホンダ自動車の本田宗一郎はスパナで部下の頭を殴るとんでもないおやじだったが、とにかく現場を歩き、油まみれ泥まみれになって部下や販売店の現場の人たちと交流をしたことで有名だ。

口下手だったから、すぐに手が出て足が出たのかもしれない。スパナの話は今ならパワハラで軽犯罪だが、叱る宗一郎も叱られる部下も、互いのボディランゲージを深く理解していた。互いの深い信頼があったのだ。言葉で聞き取ろうとしてもなかなか聞き取れないことを、互いに言葉を超える形で表現し、深く読み取り刻み込んだのである。

深く強く長続きする信頼関係を構築するためには、リーダーは部下や仲間との距離感と親近感の取り方が絶妙でなければならない。

現場を歩き回ることで、現場の部下たちとの距離感は縮まる。距離感を親近感と混同させてはならないが、距離感が縮まらない限り、親近感が湧くことはない。

親近感を醸成するリーダーシップは、現場での対面、接触、何気ない会話、具体的な現場での出来事に対する非公式な和気あいあいの口喧嘩的な意見交換、様々なシチュエーションの中の、生きた場の空気の共有から生まれるものだ。

高い地位にあるからリーダーなのではなく、リーダーシップがあるわけでもない。現場に入り込み、現場での非言語的な相互作用で、マネジメントの立場にある人にリーダーシップの機会が生まれるのだ。

リーダーシップは、人と人との信頼関係の構築こそを栄養源とする。

説得――

リーダーの人心収攬の力に触れた人がまず思い浮かべるのが、説得のパワーだ。そのパワーは理性と情熱の組み合わせによる。リーダーのパワー・コミュニケーションは、論理的に思考した上で合理性に訴求し、人々を理性ですっきり納得させることを最優先とする。左脳に働きかけ、冷静に正しいという判断を促すのである。しかし、理を説き過ぎる危険性もある。情緒に訴える情熱の説得姿勢も、時としてパワフルだ。しかしこちらも高圧的に説き伏せる態度はあってはならない。心と情緒で共感を得られる、おしゃべり的なディベートができる熟練のリーダーに、範を取りたい。

論理的思考

リーダーは仲間たちをまずは言葉で説得しようとする。

ビジネスリーダーであれば、会社組織の同僚や部下たちをコミュニケーションで説得しなければならない。しかし説得しなければという義務感や切迫した責任感に引きずられる限り、それはリーダーではなくマネジャーでしかない。そもそも既に歴史のある大企業では、多くのルールや規範によって上意下達で説得せずとも順従を余儀なくさせる仕組みがある。マネジャーはリーダーの人心収攬の力を身につけずとも、職位、ポジションで、形式的組織力学的には説得することが可能だ。

しかしながらこれを、リーダーによる真の説得とはいえまい。

ここで考えたい説得とは、まだルールも規範もない生まれたてのコミュニティにあって、リーダーが仲間たちをどうやって説得するのかだ。

そもそもコミュニティを一致団結の組織として目標を共有して動かすためには、リーダーによる説得が必要だ。またコミュニティを形成する、つまり仲間を集めるためにも説得は必須である。

平成生まれのベンチャーを率いるニュービジネスのリーダーは、プレゼンテーションの技術とノウハウに長けている人たちが多い。図表やイメージ図を最大限生かすことで、言葉だけではない訴求力を最大化したのである。ミッションやビジョンを背景として事業目的を明確化し、そこに至る方法論やリスクマネジメントについて論理の道筋を立てて、分かりやすく訴えかけたのである。

情熱的な喋り方やスタイルに感化されるところもあるが、基本はやはり話す内容に論理的な筋が通っているかが問われる。

プライベートでは情が先行するのが常だが、ビジネスシーンでは理が先行するのが常である。少なくとも暴力を否定する先進諸国の公では常である。

世界共通の言語は英語ではなく、数字とロジック（合理性）だ。数字と合理性、すなわち論理が言語の種類を超えて、ビジネス・ディールにおいて説得のための共通基盤となる。

ホモサピエンスとして同じ脳の働きを持っているからだろう。科学的に完全に証明されてはいないものの、人間の左脳に言語中枢があり、その前頭前野で理性の働きを司っているとされる。言葉を得て人間は理性、つまり合理性の判断力を得た。

いかに文化文明や宗教観や生活風習が違えども、人間である限りは理性をもっているという大前提に救われる。人として好きになれるかどうかは別として、ビジネス・ディールをする上では、数字とロジックがあれば原則通じ合えるのだ。

従ってリーダーを目指す人は、仲間を増やしコミュニティの団結を図るため、説得できるコミュニケーションの基礎技能として、論理に強くあらねばならない。

論理に強くなるとは、まず論理的に思考すること、論理的な筋道をストーリーとして組み立てること、そして図表と書き言葉、話し言葉で論理的に表現すること、の三段階が必要だ。理屈っぽく話すことが論理的ではない。論理的思考と論理的な筋道の組み立てなくして、理屈は語れないのだ。

合理性に訴求したければ、論理的思考こそがそのすべての基礎である。

論理的思考のアプローチには、課題に対して事実から積み上げて解を考えるか、仮説の解から引き戻しながら証明してみせるか、の2つの方法がある。もちろん両方を組み合わせても良い。いくつかの手法はあるものの、ギリシャ哲学から脈々と引き継がれる演繹法と帰納法を用いるのが基本だろう。

多くの抜け漏れのない事実や蓋然性をもって帰納的に解釈の方式や判断基準を定め、課題の個別事象に適用して演繹的に解の方向性を出す、という方法が最も一般的、合理的な考え方だ。

いわゆる因果関係を明確にしないと、人間は左脳的に理解しない動物なのである。

気を付けなければならないのは、合理性に訴求して左脳的にすっきり理解できたからといって相手の身体が動くとは限らないことだろう。

説得でまず達成すべきは、行動を起こすための決断に至る納得感を与えることだ。誰しも人間は行動を起こすための正当な理由を必要としている。合理的正当性を与えるのが、論理的思考のもとで示された合理的筋道である。

しかしながら、これだけで必ずしも人は動くものではない。説得に理は必須なれど、理のみで人は生きるにあらず。

理を説き過ぎるな

グローバルなビジネスの公用語と共通語は、英語ではなく数字とロジック（合理性）だと述べた。ビジネスの現場ではまず合理性が優先される。だから論理的思考力、ロジカルシンキングは基礎的なビジネススキルとなる。論理的思考力による合理性で知的武装したビジネスパーソンは、どこでも戦える万能の戦士だ。

しかし、一戦士として戦っている間は特に問題はないが、リーダーとしてのこの知的武装は時として厄介な代物となる。リーダーがこれを唯一無二の武器としてやみ雲に使い出すことには危険が潜んでいる。

ビジネスの戦場での問題解決の中で、この武器を活用している限りは頼もしいリーダーとしての一面を見せることができる。しかし調子に乗ってそのまま内部の説得のコミュニケーションにまで落とし込んで仲間や部下への道具として多用すると、予期せぬケガをさせてしまう危険な武器に変わることがある。攻撃ならぬ、口撃となってしまうのである。

合理的に冷静に訴求していると本人は思いがちだが、説得されている側は反論できる余裕さえ与えられない。論理的に反駁できないと、人は口を閉ざして頑なになってしまうことがある。頭ではよく理解できるが、身体が動かなくなるのだ。人間は、理と情で動いていることを忘れてはならない。

論理的説得を突き詰めてはいけない。理を説き過ぎると情で反発を受ける。

ビジネスパートナーや取引先との関係でもそれはまったく同じだ。理を説き過ぎると、人間同士の信頼関係にヒビが入ることがある。例えば下請けの立場にある取引先に対して、優越的地位をもちながら論理的に説き伏せたとしよう。取引先はやむを得ず表面的には受け入れるが、その後パートナーシップがどうなるかは想像に難くない。

合理性をもってすべてを断じるきらいのあるビジネスリーダーやその立場にある者は、そのことを特に肝に銘じなければならない。

論理的思考力をもって合理的に問題や課題の解決に道筋をつくれば、あとは部下に指示をしておけばうまく理解してやってもらえるはず、と甘く考えているリーダーの立場にある者は多い。

大きな組織で、優秀なマネジャーと呼ばれている人たちだ。そもそも優秀なマネジャーと生まれ出でるリーダーとは、まったく別の存在だ。

リーダー風を吹かせて自らの理性の卓越性を見せつけるような者は、所詮は偽のエリートでしかない。多種多様な人間が集うコミュニティには入ることもできないだろう。バイ菌のように嫌われるだけである。

ビジネスの取引関係やパートナーシップにおいては、リーダーの立場の論理的思考力をもった合理性に訴求する説明や説得は、「よく分かります」と返事はされても、イコール、その本意と行動計画をそのまま受け入れて実行してもらえることではない。説得された後シームレスに滞りなく、実践に移行することは滅多にないものだ。

昔から「口は禍の元」とされる。昭和の世代は、大人たちにそのようによく諭されたのではないだろうか。平成から令和に入っても、デジタル社会でこの金言はさらに生きている。日本だけでなく、グローバルにも通用する。

傾聴ができないリーダー（ここでは単なるお飾りの意味でのマネジャーと呼ぶことにする）は自分の世界で論理的に考え抜き、自己のリテラシーの範囲で解を導き出してしまう。自分の理性の中では完璧に自信のある理論をつくったからと、そのままほぼ一方的に理を説き過ぎるとどうなるだろうか。

傾聴ができないから、相手の微妙な反応や顔の表情、感想じみた意見に対して、まったく五感が働かない。職業的な役割と組織から与えられた地位のマネジャーであることに固執することで、自己保身さえも合理性で正当化しようとするからなおさら厄介だ。

マネジャーが部下に理を説き過ぎると、そのしっぺ返しは、無言で無視、もしくは分かったふりをして勝手気ままにされてしまう、最悪の場合まったく逆の行動で反抗される、よくても感情的な反駁論争に持ち込まれることを覚悟せねばなるまい。

本格的な反抗は反旗を翻すことであり、別の根の深い問題が横たわっている可能性が高いのでここでは取り上げないこととする。

一方、納得できない論点について、部下から感情的な反駁論争に持ち込まれた時は幸いである。まずマネジャーは深く反省した上で、合理性のみに依拠する正当性を一旦は捨てるべきだ。更なる論争になることは避け、感情的に否定的にならず、傾聴、五感を開放して、前向きに笑顔で、寛容に向き合っていく。お飾りのマネジャーから脱皮する、千載一遇のリーダーシップの機会到来ととらえればよい。

老婆心ながら、理は説き過ぎず、理を7割、情を3割とすべきだろう。情は人間の感情や情緒や感性に訴えるという意味だ。理性で組み立てる説得の内容に、喜怒哀楽の感情や美的感覚をうまく混ぜ込むのである。

情熱のコミュニケーション

既に取り返しのつかないこと、失敗に終わってしまったことの原因分析を理詰めで積み重ねたとして、過ぎたるは猶及ばざるが如しだ（検証とリフレクションは必要であるが）。

人間誰しも、周到に論理的に考えて計画したことであれば失敗しないと信じがちだが、現場現実では思わぬ変数、出来事、邪魔者が入る。それらも含めた失敗の検証が大事なことは認めるが、盆に返らぬことを理詰めで分析し過ぎると、誰しも辟易する。

では、皆が失敗で落ち込んでいるとき、リーダーはどう語るべきか、何をなすべきか。

例えば、そのような時リーダーたる者、ただ情熱的に泣き崩れるのだ。

泣いて、哭いて、周りから見ていて放っておけないほどぐちゃぐちゃに泣けば、一緒に行動した全員が、心から次の再挑戦への想いを立ち上がらせ、決意を共有できる。その後冷静になった時に失敗の検証に向けて全員の姿勢がしゃんとする。情緒のピークアウトを越えて、冴えた理性が機能するのだ。

ぐちゃぐちゃに泣くのはほんの一例だが、喜怒哀楽の情緒を情熱的に爆発させることもとても大事である。

リーダーの地位にある者が、冷静に失敗の検証をすることで、考え方を整理して学ぶ機会にしようとすることは間違っていない。しかし、当事者の仲間や部下たちが、心から反省する自主的機会を奪っていることに気づかないのは困りものだ。

失敗は成功の母、成功の基である。理性と情緒を活用して失敗を検証しなければならない。現場現実の当事者たちが仲間として連帯しながら、心から自主的に反省し、次の改善への決意をしなければ未来の絶好の機会をつかみに行くことはできない。組織やチームとしての、未来に向けた進化が得られないのである。

失敗の検証と同様、そもそも挑戦する計画を説得する最初の段階で、論理的思考から描いた合理的な挑戦に、情緒的な香辛料や香りでしっかりと味付けするべきだ。

説得内容の合理性だけに終始しないストーリーを、上手にパワフルに表現し、理性に働きかけながら情緒で熱く訴求することが欠かせないのだ。すなわち情熱のコミュニケーションである。

理性を働かせ過ぎず、一人の裸の人間として実現したい夢や理想、熱い想いを肩の力を抜き、感情を込めて感性的に描き、情熱的に語り掛けるのである。その姿勢と言動が、情を取り込めるリーダーへと進化させることになる。

ロジカルシンキングだけではなく、デザインシンキングが必要と昨今言われるのは、論理にロマンや情緒を付加せよという意味でもある。対立対比させるものではなく、相加相乗するものだ。

情熱的にデザインしたいものがあれば、情緒的に表現できるはずだし、同時にその実、かなり論理的に深く考えることができるという、本来あるべきスタイルやアプローチを言っている。デザインしてシンキングして、論理的に情熱的に説得するのである。

関西の経営者の歴代のカリスマでは、パナソニック創業者である松下幸之助が一番に挙がる。このことに異論はないが、その松下幸之助が神様と畏敬したのが小林一三《いちぞう》である。米国のウォルマートよろしく日本の小売業界の革命家であり、独裁者でもあったダイエー創業者の中内功をして、見習いたいと言わせしめた人物である。阪急電鉄、宝塚歌劇団や東宝の創業者だ。

母校慶応義塾大学の創始者である福沢諭吉が心血を注いで創業した『時事新報』が経営危機に陥った時に、支援に名乗りを上げる同窓生に対して、我関せずと冷徹に断ったという逸話があるほど、合理的にビジネスを判断する人物だったようだ。

その一方で小林は、箕面有馬電気鉄道株式会社の設立においては、資金調達、当局の認可を獲得すべく、まさに情緒と感性を取り入れた人心を収攬するための説得に明け暮れる日々を送った。

現代《いま》で言う、社会貢献、顧客第一主義、大衆資本主義のアカウンタビリティ（説明責任）を果たすものだが、その手法がユニークだった。

小林はこの説明責任を果たすパンフレットを、自ら作成したのである。現代に置き換えればパワーポイントだ。今でこそパワーポイントは当たり前の道具だが、最初に使い始められた時には、説得の現場では飛び道具の如く抜群に機能したものだ。当時のパンフレットは現代のパワポ同様、抜群に効果的に働いたのは言うまでもない。

「大阪市民の衛生状態に注意する諸君は、慄然として都会生活の心細さを感じ給うべし。同時に田園趣味に富める楽しき郊外生活を懐うの念や切なるべし。郊外生活に伴う最初の条件は、交通機関の便利なるに在りとす。箕面有馬電車たるものは、風光明媚なるその沿道住宅地を説明し『いかなる土地を選ぶべきか』の問題を諸君に提供すべき義務あるを信ぜんとす」と。

この情熱的名文は、直接の関係者はもちろん、その後に大衆をも動員したのである。小林は合理性の中に情緒的、感性的な表現力、説得力をもって、同心円状にリーダーから発せられる理想を地域住民に染み渡らせたのだ。

現代においても、関西における阪急沿線地域の文化的生活のステータスは変わっていない。宝塚歌劇団の時代を超えた文化資本は確実に引き継がれ、今も着実に未来をとらえているのである。

繰り返しになるが、情が3割で理が7割だ。いざコミュニケーションを始める段階では、この割合、融合を常に気に留めておいた方が良いだろう。

リーダーたる者の説得は、考える段階から論理的思考一辺倒ではなく、深い感情が込められるほどの情緒的な思索や美的センスを組み込んでおく。そしてコミュニケーションの段階になっては、情熱的に語り始めて、論理的に落としどころを探るのだ。

雑談のススメ

合理性を持って筋道を組み立て、情緒も適宜取り入れ、情熱的に語りかけて説得していたはずなのに、それが上手く機能していない、つまり伝わっていないと感じると、我慢できずに豹変する人がいる。

リーダーの地位にあるべき人が、図らずもそうなることをよく見る。部下がどうしても納得してくれない、この想いが通じないから、突然に冷たい態度となり頑なに理で説き伏せる、あるいは意固地になって感情的になってしまう。暴走する想いが、理も情も行き過ぎさせてしまうのだ。意固地になるとエスカレーションしやすい。

説得を無意味にする行き過ぎた言動は、人を黙らせ、時に人を痛めつけてしまう。


仲間も部下も同じ人間だから、リーダー自身がそうされたいように、尊厳が保たれることがコミュニケーションの大前提だ。公の説得とコミュニケーションの場にあって、つまりは多くの人がいる前で、個人の尊厳を傷つけるような言葉を発すると取り返しがつかない。

極端な例を挙げると、「理が通じないのは頭の悪いお前の問題だ」、「IQレベルが低い」だの「情熱を受け取れないのは育ちが悪い」、「忠誠心のかけらもない奴だ」といった罵詈雑言を浴びせるような行為だ。オブラートに包んでいても婉曲的表現をとろうと、本質的には同じだ。

かように暴走してエスカレーションしがちな人間は、リーダーとしての説得以前の問題として、自らを厳しく糺し、性根を正すべきだろう。身体の傷は治るが、心の傷は治りにくく癒えない。尊厳を保てなければ合理性の共通基盤にさえ立ち戻れない。

尊厳を傷つけられた人は、それまで自分のリーダーとして尊敬しつつあったとしても、もはやそのリーダーと同じ場にいること、同じ組織にいること、繋がりそのものに対して頑なに拒絶感を持ってしまうことになる。

相手の尊厳や自負を否定するのは厳に慎むべきことだが、身体的障がいや人種やジェンダーに関わる差別的また軽蔑視の言動はさらに論外、社会的に絶対に許されざるものだ。それが頭で分かっていても発作的に出てしまう人がいる。経験不足の箱入りでスポイルされた良家の子女に多いように思う。差別を被る体験があればその痛みは自然と理解できよう。順風満帆にちやほやされて人生を歩んできた人たちはそれをイメージできない。

いかなることでも自らが痛みを理解していれば、人の痛みは自然に分かるものだ。経験は買ってでもすべきである。

情熱が昂じて高圧的に説得したために、反抗してきた部下に対して、さらに個人的に激しく攻め立てて黙らせてしまった場合、次のコミュニケーションの機会はもちろん、人間同士としての関係基盤も失われるであろう。賽は投げられ、引き返すことも、無かったことにもできない。かといってさらに言葉を足しても、むしろ反発されることになる。

暴走してエスカレーションしやすい者は、高圧的な態度になる自身の情熱のエネルギーを上手く昇華させなければならない。昇華させるためにも、説得に繋がる手法やテクニックを取り込む努力を惜しんではならない。

覆水盆に返らずになってしまう前に、説得周りや人間関係構築の様々な方法論を幅広く見直して、次に紹介するいくつかの手法を試すことをお勧めしたい。少々不器用な人でも努力すれば身に付くコミュニケーションの習慣となるだろう。


おしゃべり、談笑、立ち話の雑談三点セットは有効である。

説得のコミュニケーションに注ぎ込む情熱はほどほどに、余りの出た情熱は、温かみのあるコミュニケーションの選択肢となる、おしゃべり、談笑、立ち話の雑談三点セットに切り替えて利用しよう。

無作法ながら日常風景にあっては、トイレの中での談笑、大昔であれば喫煙場所でのおしゃべり、今ではカフェテリアでのおしゃべり、会社の廊下ですれ違う時の立ち話、会議の帰りの歩きながらの雑談、もちろん黄金スタイルはランチタイムや居酒屋での談笑が一番優れモノである。

雑談がうまいリーダーは、人間関係を円滑にすることに長けている。ダジャレを雑談と間違えている昭和の古きおやじは困りものだが。

雑談が上手な人は、話の中身そのものを注視していない。もちろん論点は外さないが、互いの気持ちの交換、心根のやり取りを重視している。気持ちを察する繊細さを磨く練習をしているのだ。また雑談が上手い人は、手ぶり身振りを含めた身体全体の動きとともに、顔の表情が豊かだ。大げさに相手の話に夢中になって興奮したり、共感したりすることができる。これだけで、互いに同じ人間同士としての直感的な信頼感が強まっていくのだから、不思議である。

ついでに昭和世代としてお勧めできるのは、手紙や手書きのメモだ。

手書きの直筆ものを手渡すのは、今や新鮮だろう。自身の個性のある肉筆で手紙を書くのは、とても心のこもったことだ。令和風にはスタンプ付きのＳＮＳやオンラインでの飲ミニケーションも悪くないかもしれないが、デジタル社会の生活文脈で失われつつある身体性を、時々は取り戻すべきだ。

手紙の直筆が極端に苦手ならば、飾文字で奇麗に仕上げたプリントアウトの手紙に直筆署名と一言添えるだけでも、効果は期待できる。

同意が難しい説得内容であっても、切々と直筆で綴られた手紙を読むと、受け取り手もふと気が緩むものである。手紙を開封して読もうとする行為自体が、出し手のリーダーの説得に対して開かれた姿勢につながる。ノックされたドアを開けることと同じ心理状態になるからだ。

しかも手紙ならば何度も読み返すことができる。口頭ではなかなか繰り返し伝えられないポイントも、気恥ずかしくて何度も口にできない日頃の感謝の気持ちなども、何度も読んでもらえる可能性がある。古典的でアナログなこのアプローチが、今の時代でも役に立つ。デジタル化が進んでも人間はまだ物理的な存在であるから、コミュニケーションにも手触り感が有効なのは、人としての本質だろう。

共感的ディベート

行き過ぎた説得とならないように工夫する方法論は他にもある。

おすすめしたいのは共感的ディベートである。日本のコミュニティでは格式ばった議論よりも共感的ディベートに親和性がある。

部下やチームメンバーへの説得が難しいと想定される内容や背景状況がある場合、会社や組織の公の場やかしこまった機会だけでなく、同時に、多様なディベートの場を用意することが大事だ。

正々堂々とした議論やディベートなどの知的格闘技を、互いにしっかりと公の場や機会で披露することを妨げるものではない。同時に、その他もろもろの多様な機会を設け、肩ひじを張らない緩めの議論やディベートを、練習会の如く自由にやるのである。

もちろん議論やディベートをするメンバー全員が同じ組織に属し、その組織の行動規範やルールや憲章で「公論に決すべし」と完璧に共有されているのなら、どんどん本質的な知的格闘技をするべきだろう。プロフェッショナルファームの多くは、それが当たり前の文化スタイルとなっている。

また明文化されてはいないがそれが暗黙知として共有の価値観、文化スタイルであれば、同じく楽しんでディベートスタイルを受容することができるだろう。多くの外資系の会社やグローバルカンパニーでは既にデフォルト化している。互いに正面で向き合う議論とディベートは、それぞれの筋道に沿って論理的に相手と意見交換をし、理性に訴求して互いを説得する絶好の機会となる。仮に完全には説得できなくとも、共有できる論点を明確に整理し、認識することが可能だ。

残念ながら土着の日本の会社や組織にあって、このような明文化された憲章や暗黙知の文化スタイルを共有しているコミュニティは、まだまだ少ないようだ。大方の和風組織は正面切った議論やディベートを避ける傾向にある。

多くの日本人は子供の頃からの学校教育、地域社会や家庭教育の影響で、論点整理や議論の訓練や習慣化ができていない。社会人になってからそれらをトラウマを解きほぐすように身につけさせるために、いろいろ工夫が必要となる。

知的格闘技は直ぐにはできないものの、組手の練習や型の真似事からならできるのが日本人だ。そこで工夫のコツとして、議論やディベートの形そのものは共有し、対立ではなく互いの傾聴を通しての、共感を実現する方法を試すのが良い。

時折、本題以外の、互いの世の中の共通話題に関する所感の交換や経験談を交えるのも、共感を醸し出す効果がある。また、大きな人類課題や社会課題に互いに想いを馳せて、大きな視点での共感を創り上げることも有効だ。

このような方法を、「共感的ディベート」と呼んでいる。ディベートしているようで共感している。共感しているようで、ディベートしている。共感しながら、ディベートという形を進めていく。この曖昧さを上手く利用するアプローチだ。雑談の発展的延長線上にある、相互の受容性と寛容を前提としたディベート、和気あいあい論争というイメージだ。日本人には向いているように思う。

先に、現場を歩き回って部下や同僚の本音トークに耳を傾けることが、人をつかまえるのにもっとも大事な一歩であることを伝えた。本音トークに傾聴して頷くだけで、共感が生まれる。

80年以上に渡り世界で２０００万部を超える大ベストセラーとなった名著*How to Win Friends and Influence People*（『人を動かす』）（１９３６年初版）でデール・カーネギーは、人を説得するためには最初に議論を避けて相手の身になることが大事だ、と記している。

掲げられた人を説得する12原則の最初には「議論にならないようにする」とし、「友好的に会話を始める」「相手の考えや欲求に共感する」「考えが伝わるような演出を工夫する」などと、時代を超えて大事にしたいと思える、人の上に立つ者の心構えがまとめてある。形だけでなく、本質でとらえてその実行を諭したカーネギーのリーダーによるコミュニケーションの哲学書は、米国はもちろん世界中で支持される伝説の教科書となった。

その12原則の11番目に「考えが伝わるような演出を工夫する」とある。また12原則の3番目に「誤りを認める」ともある。

お勧めなのは、リーダーはまず自分の失敗談や恥ずかしい話を、演劇風にビビッドに語ることに上手になることが良い。自己紹介を輝かしい実績からではなく、まずは恥ずかしい失敗談から楽しんでもらえるように語るのだ。間違いなく相手との距離を縮めるきっかけになる。他人から見たら笑えるような失敗談は、最初に身構える相手から余分な力を抜いてくれるものだ。

また12原則の8番目と9番目には、「人の身になる」「同情を持つ」とある。心理学的には、同胞の贔屓性、と解説できる手法だ。要は、相手と自分の共有共通の何かを探して、同胞と認識してもらうのである。同じような失敗談義でもいいし、同じような悲しみの体験でもいい。もちろん単に出身地や血液型、スポーツや趣味、はたまた同じ持病など、互いの共通性があれば何でもいい。同胞の贔屓性を引き出してから説得の本題に入るというのが、演出として効果的だ。いたみの共有や想いの共感のお膳立てをすることが大事との示唆である。

GEのウェルチは、物語を自分の体験にクロスさせるのが得意だった。自分自身の幼少期の思い出や社会人になりたての頃の失敗談などを交えて、自分が伝えたい会社のビジョンの物語に組み上げていく。

ひと工夫のテクニックとしては、アナロジーやメタファーにつながるような他の物語になぞらえて語るのが効果的だ。日本であれば、幕末明治維新の物語はいくらでも利用可能だし、皆が知っている『うさぎとかめ』のような寓話や神話なども利用しやすい。アップルのスティーブ・ジョブズやヴァージンエアのリチャード・ブランソンは、旧約聖書のダビデ少年と巨人兵士ゴリアテの決闘を例に挙げ、共に自分たちのスタートアップ時代の戦略の物語とクロスさせている。アップルは当時のＩＢＭ、ヴァージンは当時のブリティッシュエアウェイズだ。眉間に射る投石の一点突破で強敵を倒す、有名な物語である。日本の歴史ならばさしずめ、戦国時代の桶狭間の戦いや宮本武蔵の吉岡一門との一条下がり松の決闘をイメージさせる。

カーネギーに戻ると12原則の10番目に、「崇高な使命感や動機に訴える」とある。身近な話題から入って、雑談で互いのコミュニケーションが温まり始めたら、いよいよ説得したい本題に入る。議論するのではなく互いに語り合うディベートで互いの共通点と違いを明確化し、高い視点での合意へと導き、「共感的ディベート」を発展させていく。高い次元へディベートがスパイラル構造に回り始めたら、組織のファクトフルな現状認識や、目指すべき大きな目標の話に展開する。そしてさらに高く大きな視野から、未来の理想や使命を語り合う。そしてまた、自分たちの目標に対するあり方について議論を収束させていくのがよい。

リーダーは、本物の物語を紡ぎださなければならない。フォロワー、部下を自分の世界観の中に惹きつけ、巻き込み、奮い立たせることができなければならない。分析の正しさや数字の合理性のみでは人は揺さぶられない。ただ理解するだけである。

注意を促しておくが、デール・カーネギーの本を読んで形だけ真似ても、すぐに馬脚をあらわす。杓子定規に説得のハウツーを身につけようとするのは、本末転倒だ。肩ひじを張らず、構えず、自然体で現場を歩き、周りの部下、仲間、同僚に同じ人間として心から挨拶し、話しかけ、話しかけられ、おしゃべりと雑談から始めればいいのだ。友好的な会話と相手の欲求に素直になることで、何気ない雑談から自然と「共感的ディベート」が実現することになる。

寛容性のあるリーダーの説得の姿勢であり、手法である。

チームづくり──

リーダーの人心収攬の力の見せ所であり、その力の源泉であり、成果の原因となるのは、チームづくりに成功したかどうかである。スキルや経験のダイバーシティのあるチームを編成し、チームメンバー一人ひとりに光を当てて際立たせ、個々人の力を集めて相乗化し、設定した目標以上の成果を実現するのである。チームをひとつの色に染めるのではなく、チームをひとつの目標にきつく結びつけるのだ。雨降って地固まる。時には豪雨を降らせて地を固める。チームに試練を与えること、チームの中で徹底的にぶつかり合うことが、最初の約束だ。やがてチーム独自の美学で、自律的に高業績を達成するハイパフォーマンスチームが出来上がる。

ダイバーシティ

リーダーとなるべき人が、リーダーシップの機会をつかむのは、チーム編成の時だろう。マイチームをつくるときである。

ゼロからつくるだけではない。バラバラのチームをまとめ上げていくこともある。いずれにしても、自らが強い志を持って、事を為すために、見い出し、勧誘し、編成し、役割を与えてまとめていくのだ。未来を共にする仲間たちやフォロワーを、ひとつのチームとしてまとめていく機会こそが、リーダーシップの醍醐味でもある。

同質の人材ばかり集めてしまっては、力を発揮するチーム、高業績を上げるチームとは成り得ない。スポーツのアナロジーで考えれば分かり易いが、比較的定型的な野球でも、非定型的なラグビーでも、オフェンス型とディフェンス型、異なったスキルや身体能力、多くの経験を持つ熟練者と失敗を恐れず挑戦できる若手、楽観的な者と悲観的な者など、徹底してまとまりのないメンバーで構成した上で、勝利への目標を強烈に共有しているチームは、絶対的に強い。

リーダーシップの機会は、このような異才に溢れた、まとまりのないチームを率いる時に生まれる。異才に溢れたまとまりのないチームとは、理想的には真に個の立った偉才の卵の人材で構成される、ダイバーシティのあるチームである。

ダイバーシティの重要性が叫ばれるようになったのがひと昔前である。その社会的取り組みの成果、特に会社の中での成果について、検証されるべき時機が到来している。

そもそもダイバーシティが叫ばれ始めたときに、個人的にはかなり違和感はあった。まずはグローバル化と性別での多様なチームづくり、ということであったように思うが、本来の目的との整合性は一体どうだったのだろうか。

ある会社の人事部は、消極的な考え方でダイバーシティを推進していた。マイノリティへの差別的待遇をなくそうという姿勢である。女性の管理職が少ないので何とかしようとか、障がい者雇用を増やそうとか、である。その社会的意義はあるにせよ、ＬＧＢＴや人種などはあくまでも外形的なものであり、本来のチームづくりの必然の前提条件ではない。

本来のダイバーシティは、会社の新規事業開発や新市場展開を飛躍的に進化させ、前進させるための革新力のあるチームづくり、変革力のある組織づくりをするものではなかったか。そもそもダイバーシティの本質的理解がないから、外形だけを整えようとしてしまう傾向に陥ったように思う。

繰り返しとなるが、ダイバーシティとはそれぞれが尖って個性的でバラバラであること、真に個の立った異なった偉才の卵の人材で構成されることである。

極端な例を挙げれば、異国異教異文化多民族のそれぞれ尖った人材で、あり得ないチームを組むようなものである。生まれも育ちも思想も経験も、信条や価値観、文化や慣習も、バラバラなメンバーでチームを組むことが、ダイバーシティの潜在的な爆発力の基となる。各々のメンバーが個として何かに秀でていて、オンリーワンの何かを持ち、独立的で束縛を嫌い、危機感と焦燥感を人一倍持っている。

一緒にいることが不思議なくらいのバラバラ感があれば、理想的でベストの組み合わせだ。


果たして、このようなダイバーシティのチームを、夢と目標だけでまとめ上げていくことができるのだろうか。そのチームビルディングへの挑戦は、相当難易度が高い。だからこそ、千載一遇のリーダーシップの機会となり、リーダーが生まれる可能性が高まるのだ。この機会をつかみ取り、困難なチームビルディングに果敢に挑戦したければ、まずは徹底してダイバーシティのあるチーム編成を目指すべきである。


最後に、既存の大きな組織を抱える会社が、新しいプロジェクトを推進するダイバーシティのあるチームづくりをするための注意点を示唆しておく。

そもそもその目的は革新的チームを創り出すことである。ベンチャーの創業チームがなぜ革新的であるかを想像すれば分かり易い。そのチームづくりは、既定の体制やシステムが決まる前、秩序が生まれる前、規則や規律が生まれる前の環境としなければならない。

つまり既存の組織の中につくる革新的チームは、既存の組織のシステムや秩序、規則を決して引き継いではいけない。完全に切り離した、既存の組織の体制に組み込まれない、孤高のチームとしなければならない。例えば、社長執行役に排他的に直属するチームであるとか、スピンアウトする別会社形態のチームとするのである。もちろんリーダー候補選びや、ダイバーシティのあるチームメンバー選別は絶対に失敗できない。

業務効率化のプロジェクトチームであれば、社内でも少しは機能するかもしれないが、新規事業開発や未来の構想をクリエイティブに取り組もうとするプロジェクトチームでは、そのような孤高チームとしない限り、チームのモメンタム（勢い）を当初からそいでしまうことになるだろう。つまり失敗が予定されるチームづくりとなるから注意が必要である。

一隅を照らす

ダイバーシティのチームが集まった後も、だらだらとバラバラなままでは、まとまりのない烏合の衆となり、個人の寄せ集めよりも質が悪くなる。

それぞれが違う価値観を押し付け合うどころか、無視をして、自分勝手に振舞うようになることは自明で、チームづくりとは程遠い、足の引っ張り合いの混沌に陥ってしまう。だからこそ本物のチームにすることができるリーダーの出現と、チームに個人を根付かせる結束力の導きが必要だ。バラバラなチームメンバー同士に結束力をもたらすのは、リーダーの力量である。

先見先覚の力で夢や構想を描き、一緒に頑張ってどうなりたいかのビビッドなビジョン、具体的にどこにどのようにたどり着けばよいか、そして世の中のどんなお役に立てるのか。そこではなぜあなたが必要で、どれだけ取り換えのきかない大事な役割を果たせるのか。一人ひとり全員に、様々な言語と概念を駆使して、深く理解し共有してもらう。

傾聴と説得を愚直にひたすら繰り返すコミュニケーション、その行動実現の力で、リーダーは一所懸命、率先垂範する。ダイバーシティのチームをまとめ上げる挑戦こそが、リーダーの意志や能力を引き出すともいえる。

翻って、日本の企業社会の現実を直視する。

日本の一般的な会社組織では、均質化した日本人のみで構成されるチームづくりとなることが多い。そもそもダイバーシティがまったく足りていない。はなからまとまってしまっている。以心伝心の日本文化の共通スタイルが、かえって結束力を低くするリスクを最初から内包する。失敗がほとんど予定されてしまう。

稀に自己主張をする個性的な人材が一人でもいると、他のチームメンバーの存在感が相対的に薄れる。誰も自己主張しないと、チーム全員が無気力に呆けて、無責任に遠慮し過ぎて譲り合ってしまう。足の引っ張り合いどころか、チームごと沈没していく。

これが日本社会の必然であり、日本の会社組織の現実であることは避けられず、逃避することもできない。

ならば、理想的なダイバーシティのチーム編成を描きつつも、現実のやむを得ない限られた人材資源の範囲でのチーム編成で、最善の成果実現を目指すのみだ。

かような日本人で編成された、同質化傾向のあるチームでは、リーダーの積極的なチームメンバーへのきめ細かな働きかけと、目配りや心配りは、チームビルディングの上で違った意味でますます大切になってくる。

ダイバーシティのチームでも同質化したチームであっても、いずれにせよ、リーダーはチームの全構成員に正面から対峙して、目配りと心配りの最大限の努力をする。目配りと心配りの過程において、リーダーとチームメンバーの間だけでなく、チームメンバー同士の間でも、特に互いの長所を見るようにリーダーが率先して示すのである。

人間は傾向的には短所を見つけ出すことが上手であるように思う。本能的に人間関係のリスクに備えるからだろう。この他人の短所探索本能を野放しにしていると、いつまで経っても長所が目に入らない。

リーダーが心がけなればならないのは、チームメンバー全員に互いの長所を見つける楽しさと喜びを共有してもらうことだ。互いの長所を知りたいと思わせるのである。

私が実際のチーム編成の現場でよく方法論として試すのは、チームメンバー同士の「互いの褒め殺し」である。リーダーも交じりながら、チーム全員で一人のメンバーの長所を発見し、言葉に出してフィードバックしてあげる。お互いがそれぞれに対して褒め殺しをする機会があれば、自ずとそれぞれの長所は浮き彫りになる。

日本の社会と会社組織では、存在感は薄いが影の役割をしっかりこなしているメンバーがチームの中に必ずいる。その言動に、リーダーも他のチームメンバーも最大限の注視と敬意を払うべきだ。

一隅を照らす。片隅にあって一所懸命に精を出す人材や潜在化した異能の人材を見い出し、光を当てるべきである。いかなる会社でもどんな組織でも縁の下の力持ちは存在し、名もなく光を浴びることもないまま、コミュニティに多大なる貢献をしている。時として経営陣の不興を買って恣意的に窓際に追いやられた人材であるにも関わらず、それを恨みとせずむしろ力に変えて、会社の未来のために一所懸命に困難な仕事に勤しむ稀有な人材もいる。悔しくて見返してやりたい気持ちがあるのは当然だが、その気持ちをプラスに切り替えることができる異能の偉才だ。

リーダーたる者、コミュニティの端から端までしっかりと広い視野を持ち、目を凝らしながら、常にチームメンバー一人ひとりに、強烈な好奇心と積極的な興味と関心を持つのだ。ビジネスリーダーの重要で最もチャレンジングな仕事のひとつは、未来に大輪の花を咲かせる個性ある異才を常に探索し、発見し、その人財開発に、職業人生を賭けて打ち込むことである。

危機意識と試練

米国の上場会社を率いるアグレッシブなビジネスリーダーには学ぶところが多くある。中でも感心するのは、四半期の業績開示で想定外の大幅な赤字を出しても、堂々と自信満々に、大幅な下方修正の筋の通った説明責任を果たすことだ。

株主へのアカウンタビリティだけでなく、会社の仲間である社員や取引先に対するインパクトのあるメッセージを強烈に意図していることは明らかだ。常に説明責任の矢面に立って、あらゆる角度から射られる矢を全身で受ける覚悟があってこそ為せる、秀でたビジネスリーダーの所業である。

また、かような時にこそビジネスリーダーは機を見るに敏だ。自分の率いるチーム、組織やコミュニティに対して、ここぞとばかりに荒療治を断行する決意を堂々と表明する。

チームをつくり、チーム一人ひとりに光を当てて浮かび上がらせ、チームが機能し始めたとしても、まだまだ安心はできない。成果を出せない危機感が足りないチームでは先が思いやられる。下手をすると結果を出せない仲良しチームに陥ってしまうリスクと隣り合わせだ。そんなチームに激震を走らせ、厳しい試練を与えるのもリーダーの重要な使命である。もちろんだがリーダー自身が、自分にも同様に激しく鞭を打つのだ。

ジョン・P・コッターは『企業変革力』で、大規模な企業変革のためには最初に危機意識を高めることが必須だ、と説いている。

危機意識は有事に立ち向かう切迫感であり、緊迫感だ。これを組織に共有化させるためには、浮ついたメッセージではなく、ビジネスリーダーの鬼気迫る決断と実行から発信すべきだ、という。

例えば、目標の達成ができなければ、ただちに事業売却や子会社整理を断行する。過ちはあえて指摘せず、結果を詳らかに確認させて責任を取らせる。本社社屋や保養所や余計な社員向けの設備を廃止する。不満を抱く顧客をはじめ、株主や取引先と直接接触させ、真摯に対応させる。これらを有無を言わせず実行するのだ。

そのビジネスリーダーが改革実行の如何によって不信任を受け失脚しようとも、会社も社員も、ステークホルダーからはもちろん社会的に猛烈な批判にさらされる。その実態こそが危機意識をさらに沸騰させることになれば、我が意を得たり、だ。リーダー自らが緊張感をもってリスクを取る行動をしなければ、チームと組織を鍛えることはできない。

孟子に同じ意味合いの趣旨が視える。

天の将に大任を是の人に降さんとするや、必ず先ず其の心志を苦しめ、其の筋骨を労せしめ、其の体膚を窮餓せしめ、其の身行を空乏せしめ、其の為さんとする所をふつ乱せしむ。心を動かし性を忍ばせ、其の能くせざる所を増益せしむ所以なり、人恒に過ちて然る後に能く改め、心に困しみ慮りにみちて、然る後に立ち上がる、苦しみが色にあらわれ声に発して然る後にさとる。

その意は、歴史の中で大きな役割と責任を担うリーダーが、リーダーであることを証明するためには、心身ともに最も激しく厳しく苦しい、失敗続きの艱難《かんなん》に徹底的に遭わなければならないとする。そのような境遇にあっても志を失わず、自らを奮い立たせて忍耐強く再挑戦する人間であれば、本物のリーダーになれる可能性がある、という故事だ。

修羅場が人を育てるという真実は、古今東西不変である。修羅場を経験していない人に、どうして大任を委ねることができるだろうか。

しかしながら現代社会での修羅場は、孟子の語る艱難と呼ぶ様相とは違い、かなり甘いものだ。しかも一人のリーダーたる個人に、その艱難が集中的に降りかかるということはない。ビジネス社会であれば、会社や組織にその艱難は降り注ぐのである。

降り注いだ艱難は、先頭を進んでいるリーダーに降り注ぐのは間違いないが、会社や組織で受け止めることになる。修羅場を集団で受け止めると、リーダーでさえ集団に所属しているという帰属意識によって、受けるプレッシャーはゆるくなってしまう。現代では社会的安全弁が働いていることも多い。命を奪われるほどの危機感を感じることはない。心療内科に行けばドラッグセラピーで救われる程度だ。

孟子の語る艱難は、組織がまだ形成中で、未だ機能していない状況でのリーダー個人に集中的に降りかかるものであるから、その厳しさは想像に難くない。

現代の組織のリーダーは、意図して自らを修羅場に追い込むことを強烈に具現化しなければならない。自ら火中の栗を拾う。自ら虎穴に入る。易きに流れやすい自身を叱咤し、その試練を敢えて受けに行く。古い表現だが、もう一度、底辺から這い上がるハングリー精神を持たねばならない。

リーダーが、自身に修羅場を経験させることができない限り、フォロワーやチームメンバーとともに、修羅場の戦いに先頭を切って挑むことはできない。マドルスルー、泥の中をはい回りながら抜けていくには、リーダーがその現場を、現実に体験していることが求められる。

ところで、チームビルディングの技術としては、心理学者のタックマンが提示したモデルを参考にすべきだ。タックマンもチーム力を高めるには「修羅場の如き試練が必要だ」と説く。

チームづくりが進むには頭文字でFSNPの4段階を必要とする。それぞれForming：チームのメンバーの編成段階、Storming：チームが侃々諤々やりあう段階、Norming：チームで互いに守れる共通ルールができる段階、そしてPerforming：チームの機能と実力が最大化される段階、である。

この中でチームづくりに最も重要な段階は、Stormingである。文字通りチームの中に嵐や竜巻を起こす。危機感と試練を共有するのである。混乱期とも訳される、チーム内部の修羅場の段階だ。

個人として能力やスキルのある人材が集まっていれば、チームに与えられた課題やゴールを全員が理解しているので、各々が先んじて個人としての仮説や方向性をイメージしている。既に自分なりの最終提案を秘めている者もいるだろう。これらの個の考えや意見が正面からぶつかり合うのがStormingだ。

個の主張が論理的かつ情熱的になると、うまい具合に知的格闘技と化す。この段階の入り口では、ルールなし、反則ありの、無制限異種格闘試合となることが多い。徹底的にチーム内での競争関係を顕在化させ、論点を先鋭化させて、互いに入り乱れて激しく衝突するのである。この激しい衝突があってこそ、次のNormingに入ることができる。

なぜならチーム瓦解の危機意識と試練を共有体験するからだ。頭脳はもちろん心身ともに疲れ果てる衝突を越えて、チームとして共通のルールを見い出し、互いの強みを理解し、役割分担を話し合い、助け合いができるチームになろうという、共生と協同の意図が芽生える。こうしてチームは最終的にPerformingへと変異し、進化し、最適最高に機能するのである。

タックマンのモデルでは、孟子の語るリーダーへの艱難をチームが内側につくりだす、侃々諤々の無制限異種格闘試合の修羅場体験に置き換えている。この内的Stormingも艱難のひとつだ。ここを踏ん張って一緒に越えてこそ、持てる機能を全開にできる、最高のハイパフォーマンスなチームになるのである。

チームの危機意識と試練の共有化は、本物のチームになるためには絶対に必要だ。またこれがあってこそ、リーダーシップの機会、リーダー出現の機運が生まれるのである。いま既存のチームがあってあなたがリーダーならば、周囲が驚くような志の高いリスクを取るべし。

高い目標に果敢にチャレンジすることで、チームと組織に試練と苦難を与えるべし。武者ぶるいをするような危機意識を醸成することを決意し、果断に実行すべし。

まずは、“Just do it!”だ。

ハイパフォーマンスチーム

チームと組織の発展段階の最後に目指すゴールは、生産性が高く、挑戦的な目標に対してしっかり機能する、ハイパフォーマンス集団になることだ。タックマンモデルのPerforming、チームの機能と実力が最大化される最終段階である。リーダーがチームメンバー全員と共にビビッドに描くのは、成功を祝って達成の手ごたえを共有する最終ゴール、歓喜と共にテープを切る瞬間だ。

チームメンバーは、リーダーの描く未来構想と具体的な目標を理解し、誇張表現するとリーダーとその夢を心から愛している。チームメンバーはリーダーの伴侶となるようなフォロワーであり、同時に互いにリードしフォローし合える互いの信頼を基礎とした、密度の濃い人間関係の一団を組織化する。いわばトライブ（部族）であり、ファミリーだ。

リーダーは、濃い信頼関係のチームをしっかり固めるために、共有の暗黙知だけではなく、腑に落ちる、チーム全員が遵守する、明文化されたルールや行動規範を示さなければならない。

明文化した形式知として、例えばチーム・チャーター（憲章）を用意する。国家の憲法と同じく、チームとメンバー個人のすべての活動の根幹となる基本方針だ。チーム内での合意さえできるなら、いかように表現してもよい。何が理想ということもないし、表現の仕方も自由だ。古い世代ならば、「信頼・決断・実行」のようなスローガン的なもの。混成世代ならば、「自由に何でも言い合おう」、「自ら進んで役割を持とう」、「成果を分け合おう」のようなもの。グローバル世代では、"Be efficient! Be effective! Have fun!" のような英語表記がいいかもしれない。

できれば複雑な長文にしない方がいいし、難解な概念を抽象的に表現しない方がいいだろう。全員の潜在意識の中に沈殿できるような、内容や表現をひと工夫することをお勧めする。個人的には「美学」のような、個とチームの譲れない共通のこだわりを表すのが良いように思う。

これは言い換えれば、独自の文化、自分たちのサブカルチャーをつくるということだ。以心伝心で共有できれば、立派な美学となるだろう。美学はまた、暗黙知的な空気感も醸成することに役立つ。

チームで掲げる御旗となる美学があれば、メンバー一人ひとりが自律的に自分の役割を認識し、他のメンバーに説明責任を果たし、外に向かって動き出すチームの型が定まるだろう。

ダイバーシティのチーム、異種格闘技のスキルを持った多様性は、ここで一気に花を開く。互いの強みを相乗化させることを目指し、個々人の自然な役割を見い出し、その責任を果たし、誰もがカバーしきれない穴を見つけて、その穴を埋めるため、以心伝心で自主的に挑戦するようになる。

これこそが自律的に機能が全開するハイパフォーマンスチーム、すなわち高業績チームだ。高業績チームでは、伝統的な会社組織の機能を分解したような、ラインやスタッフ、職能などに細分化された役割は、必ずしも明確化されていない。細分化された役割は必ず誰かが責任をもって果たしているが、一見あいまいであり、すべてはうまく兼任されているように見える。

高業績チームでは、すべてのメンバーは指示命令で動くのではなく、自主自律的に動く。その中で新たに、チーム内でのダイナミズムを生み出す役割、担当者が現れる。組織体制の役職でも、担当職務でもない。例えば、唱道者、応援団、カウンセラー、アイデアパーソン、遊び企画人、警告者などだ。それぞれの役割担当者が内外で動くことで、目標に向かって、さらにチームのパフォーマンスが最適最大化され、ダイナミックに飛躍する。

ハイパフォーマンスのチームづくりに成功すれば、リーダーはもはや役割を振り分けたり、役割をお願いしたりすることはなくなるだろう。リーダーが本来はもっと時間をかけるべき、構想やビジョンや戦略を練り上げることに、多くの時間と精力を傾けることができる。日本の伝統的な大手の会社組織がタコツボ化するのは、組織がダイナミズムのあるチームとしてPerformingしていないからだ。可能ならば創業期に想いを馳せ、サブカルチャーを謳歌する自主自律のカルト集団に立ち戻ろうではないか。組織全体が無理ならば、一部門やプロジェクトからでもすぐにやってみることだ。

信

リーダーの人心収攬のあらゆる面で基盤となるのは、人間同士の信頼関係だ。信頼こそが、互いの能力を全開させる極限までの努力や、最後までやり抜く粘り強さの動機付けとなる。ビジネスリーダーと仲間たち（フォロワー）の関係は、戦国時代の大将と武将、スポーツの監督やコーチと選手の関係と似ている。フォロワーである武将が大将のことを心の底から信じることで、自己の最善が尽くせる。仲間との連携がとれ、組織力が発揮される。大将が武将を信じ切っていなければ、武将が大将を信じることもない。信をもって教え、導き、任せ、時に叱り、知命自律の人材とするのだ。

監督とコーチ

リーダーとはスポーツで言えば、監督か、コーチか。答えはその両方であり、それ以上の存在でもある。

そもそも日本語では、監督が組織やチームの指揮官、コーチがその指揮下の部門の現場監督あるいは個別指導官という意味合いで使われる。

野球で考えると分かりやすい。監督はチーム全体の目標と方針を定める。その下で打撃や守備などのそれぞれのチームの部分的機能強化や個々の選手スキル向上を担うのがコーチだ。

サッカーでも同様だが、サッカーの方が監督は現場に近いように感じられる。ラグビーになると監督という存在はない。ヘッドコーチが監督の立場となり、ますます現場や選手に近い。日本でのラグビー人気の盛り上がりは、組織がピラミッド型ではなく、同心円型なのが、現代の理想的な組織のあり方を連想させてくれるからだろう。

ビジネスリーダーにもその両方が求められる。

監督的な意味合いでは、戦略や方針を打ち出す役割であり、位置取りでは組織やチームのてっぺんとともに真ん中に存在するイメージである。コーチとしては、組織やチームの一人ひとりの人材とワン・トゥ・ワンで直接のつながりを持ち、コミュニケーションを図り、個々の人材の強みと弱みを把握したうえで、個性を重んじながらその能力を高める指導や支援をする。家族関係で例えれば、人生の先輩であり指導者たる親と、頼りになる年長の兄姉とを合わせたような存在だ。

プロスポーツの監督やコーチで確かな実績を残した人物の事例を検証すれば、監督やコーチはリーダーとして、どのように努力をしたのか、如何なるリスクを取りに行ったのか、そして選手たちと共にどう向き合い歩んだのかが、垣間見え、学ぶことができる。

異なるスポーツでの監督やコーチの位置づけや期待される役割には違いがあるので、単純化することはできない。一方いろいろ調べれば調べるほど、名監督やコーチの人物像やスタイルや哲学には、かなりの多様性があることが分かる。ビジネスリーダーも同様だと思えばよい。ひとつの決定的な型やスタイルや理想像にはめ込み、押し込めるべきではない。多くのプロスポーツのリーダーたる先輩たちに出会えれば出会えるほど、示唆は深い拡がりを持つことになるだろう。

古い話になるが、個人的な思い出から一人の監督の事例を挙げる。私の叔父が早稲田大学でバレーボールチームのキャプテンをやっていた頃の、慶応義塾大学バレーボールチームのキャプテン、松平康隆である。叔父とはライバルで親友だったので、自分が赤子の時におぶってもらった写真がある。

松平は、１９６４年の東京オリンピックで日本のバレーボールチームのコーチとして銅メダル、翌65年に監督就任し、

68年のメキシコオリンピックで銀メダルに導いた。松平を名監督として轟かせたのは、ミュンヘンの奇跡と呼ばれる72年ミュンヘンオリンピックでの日本男子バレーボール初の金メダル獲得である。開催前の予言と宣言、豪語の通りを実現したからだ。

同年4月から放映された、アニメと実写のドキュメンタリー『ミュンヘンへの道』は、今でも鮮明に覚えている。オリンピックで男子バレーボールが始まる一週間前に最終回を迎えたが、番組制作の原作のひとつとなった松平著『負けてたまるか！』に書いてあった「ミュンヘンオリンピックでは金をどうしてもとりたい」、そのままを予言する締め方だった。さすがに詳細は覚えていないが、シリーズを通した視聴者へのメッセージは、松平監督の構想と戦略と練りに練られた各種戦術があって、それを実現できる個性と力量のある選手がいて、金メダルを取れないはずはない、という自信過剰が噴出する意欲あふれるものだった。多くの視聴者にかなり強い印象を残したに違いない。

明確に勝利宣言する監督に付いていく選手たちの、精神力と肉体改造へのプレッシャーはいかばかりのものであったろうか。公衆に堂々と金メダル宣言をするリーダー、実現するしか道はない退路を断たれたチームと選手たち。ありきたりな表現だが一丸とならざるを得ないチームは、互いを寸分の疑いなく信じ合うことで、きつくしっかりと団結したのだろう。金メダル選手たちの森田、横田、大古、南などが松平監督について語っているが、リーダーとして選手に打ち出す熱い想いや愛情、信頼のほどが伝わってくる逸話が多い。大砲と呼ばれた大古誠司は、草バレーのアマチュアチームから松平が抜擢した。

監督は逆立ち歩きが苦手な大古に、9メートルの逆立ち歩き達成をオリンピック招集選手の条件として課した。一週間の期限の最終日、一時間半以上も時間をかけて課題を達成してみせた大古は、監督の意図を語っている。

「私は森田、横田と同期だが、森田さん、横田さんとさんづけで呼んでいた。この9メートル逆立ち歩きを成し遂げた後は自然に、森田、横田と呼ぶことができるようになった」。

複雑でチームワークが必須の速効コンビネーション戦術の決定率を高めるためには、チームの選手間の遠慮が敵であることを松平監督はよく理解していたように思う。金メダルに近づくための各種クイック、時間差攻撃、ワンセッター、バックアタック、一人時間差、フライングレシーブなどの戦術は、監督と選手たちの試行錯誤の中で編み出された、当時では最新の速攻コンビネーションであった。

一人時間差攻撃を考案した森田淳悟は、限界を超える過酷な練習に、「もう吐きそうです」と弱音を吐き、松平監督に「吐いてもいいから戻ってきてそのまま練習しろ」と事もなげに言われたと振り返る。

果たしてミュンヘン準決勝は、勝てるはずのブルガリア戦でいきなり2セットを連取され、絶体絶命に追い込まれた。奇跡と呼ばれたのは、その土俵際で3セット連取して逆転勝利を収めたからだが、この時の日本国民の熱狂と興奮は尋常ではなかった。そして負けない日本チームは決勝戦でもあっさりと東ドイツに勝利して、無謀に見えた宣言通りの金メダルを獲得した。

選手や仲間と共に現場で汗を流す監督やビジネスリーダーは、チームの同心円の真ん中にいる。しかし選手たちも仲間も円の真ん中を向いているのではなく、監督やビジネスリーダーとともに円の外側に視野を広げ目配りをしている。選手や仲間たちの背中に鎮座する監督やビジネスリーダーは、愛すべきと同時に畏敬を持たざるを得ない存在だ。その言葉と行動は徹底的に明快で、しつこいぐらい粘り強く、底知れぬ明るさと、遠赤外線のようなジワリとした温かみを放っている。

松平監督の栄光へのきっかけは、全盲だった母親に厳しく育てられたことにあるのかもしれない。全盲の母親から「語尾をはっきり言え」と、意思を言葉にして表明することの大切さを教えられた。いじめられた時には「負け犬になるな」ときつく諭されたという。決して身体的にも恵まれていない松平が一流選手、そして名監督まで上り詰めたのは、不退転の自分への厳しさと底知れぬ人間への温かさを体得実践したからこその賜物であった。

権限移譲と自律

著名なリーダー理論である、ロバート・K・グリーンリーフの「サーバント・リーダーシップ」では、最終責任はとるものの、積極的な意味で何もしないリーダー、何もしなくていいリーダーであるために、チームメンバーや部下に奉仕することが大切である、と説く。主従関係の上司と部下の立場と姿勢を、逆転してとらえるべきだという。

部下が主人であり、上司が従者（サーバント）である関係。上司は有能な執事のように部下に仕えなさいということである。上司が執事たるサーバントになって、部下が思い切って仕事に取り組めるように奉仕をする、という考え方だ。

これは経営やマーケティング戦略の本質的な考え方と連鎖連関している。つまり、顧客第一主義である。

顧客に尽くし、顧客を創造したければ、会社の組織体制のフロント（最前線）こそが最も重要な要であり、それを支えるのがマネジャーであり、それを支えるのが役員であり、ビジネスリーダーであるという、逆ピラミッドの考え方だ。至極当たり前のコンセプトであるが、問題はその実践を、どう担保し、いかに機能させるのかということになる。

CS＝カスタマー・サティスファクション（顧客満足）の古典のひとつである、ヤン・カールソン『真実の瞬間』を思い起こさせる。真実の瞬間の実践においては、リーダーが上意下達で指揮や指示をする前に、あるいは指揮や指示をせずとも、現場のマネジャーとフロントメンバーが、自律的に指示する予定の内容で動いている状態をつくれるのかどうかが、最重要課題となる。

そのような現場人材の自発的自律化を促すためには、どのようにすべきか。

CSのベストプラクティスとして挙げられる米国の百貨店ノードストロームや、ラグジュアリーホテルのリッツカールトンには、共有の価値基準がある。どちらの現場の従業員も「ノードストローム・ウェイ」や「クレド（信条）」に従って価値判断し、行動する。

そこには何が書かれているのか。現場での判断指針としてシンプルに、顧客のために最善の判断をして行動しなさい、としか書かれていないのだ。果たしてそのような文言だけで、本当に組織の中で暗黙知的に、その現場スタイルが浸透するものだろうか。ノードストローム・ウェイやクレドを真似た会社は世界中にあるが、そのほとんどはうまくいっていない。

とどのつまりはその組織のリーダーたちの、実際の現場での行動や振る舞いにかかっている。同僚や部下に対して、顧客に対して、どれほど最善最適で感動的な行動や振る舞いをしたのかが、確かなイメージやメッセージとなって伝播し、権限移譲と現場の自律への流れをつくるのだ。

長い前置きとなったが、サーバント・リーダーシップの考え方もＣＳ実現のウェイもクレドも、リーダーの心からの「信」に根差した現場での実践行動あればこそ、である。

「信」とは信心、信頼、信用である。顧客第一主義、顧客と共にあることを信心し、現場の部下や同僚が自分の実践を観察して為すべきことを理解してくれることを信頼し、現場が自律的に起動して顧客のためのあらゆる実践に没頭してくれることを信用し、その支援を決して惜しまない。

これが「信」による権限移譲の実践の目指す姿だ。目的は現場の自律である。

グリーンリーフの考え方や理論を広めるセンターでは、サーバント・リーダーシップの重要ポイント10項目を挙げている。傾聴、共感、癒し、気づき、説得、概念化、先見力や予見力、執事役、人々の成長にコミットする、コミュニティをつくる、である。

ここにもうひとつ、「信頼」を入れるべきだと思う。サーバント・リーダーシップを発揮するために身につける10項目と、それを可能ならしめる大事な基盤となる信頼だ。

ところでリーダーがサーバントになることは、なるほどと思える視点と立場の逆転ではあるが、日本のリーダーシップのあり様としては、そもそもこの考え方は日本の社会的風習でのひとつの型であると、広く伝統的に認識されているように思う。

もちろんアングロサクソン風スタイルのリーダーもいるにはいるが、日本の大手企業では数えるほどだ。一方、日本人で元来サーバント気質を備えているリーダーが、過度にサーバントであろうと一所懸命になると、部下や周囲が必要以上に遠慮し、その関わりに消極的になる危険性がある。

日本人の伝統的リーダーには、サーバントであるべきとする考え方を理解しつつ、できればいつも積極的に、部下には遠慮せず、信をもって現場に踏み込む存在であってもらいたい。

監督やコーチは選手本人と代われないが、常に共にシャドウプレーをするべきだ。常に現場に居て、心身共に選手と一緒に戦うのである。それが選手への全面的な信頼の証となる。信をもって現場に踏み込み、共に戦いつつも、戦闘現場ではひたすらに選手を信じて全面的に任せるしかない。選手それぞれがベストを尽くし、能力を発揮しない限り、チームと共にあるリーダーの目標は達成されない。

会社にあってもビジネスリーダーは、フロントや現場に出ることはあっても、常には前線には立てない。平時にあっては、信をもって現場に全面的な権限移譲を実行している。だが常に現場のすぐ近くに居て、前線と共存併走する姿勢を片時も失ってはならない。ここぞの有事には、信をもって積極的に現場介入することも求められる。

現場のメンバーとの間に、かような緊張関係とそもそもの信頼関係があるからこそ、現場人材が自律的に判断して、自主的に行動できるようになる。

リーダーはその時々に現場で為すべきを実践し、士気を鼓舞する存在となる。権限移譲とは本来そういう事実と意味であり、現場への単なる丸投げではないのである。

褒めて叱る

アナログの時代、ブリタニカ百科事典の完全歩合制セールスマンとして世界一位になった日本人がいる。甲斐輝彦である。

彼曰く「人を喜ばせるには、褒めるのが一番だ」と断言する。相手に本気で敬意を抱くことができれば、褒めることができるという。

そしてオープンな言動で敬意を示すことが大事だとする。例えば、褒めるときは褒める相手以外の第三者がいるときがいい。その第三者に対して相手のことを褒めちぎるのである。相手の代わりに自慢話をしてあげるということだ。

また、本人に対して敬意をこめたキャッチフレーズをつけてあげるのもいいようだ。天才なんとかさん、日本一のなんとかさん、業界の立役者なんとかさん、伝説のなんとかさん、というように。

褒めることがセールスマンの見え透いた技術や手法と思われてもいいらしい。本気で敬意を抱いていれば、それは本心とつながった自然な態度と見てもらえるからである。

セールスマンが顧客に敬意を持つという意味は、顧客を単なるカネヅルと見るのではなく、顧客を一人の尊厳と個性のある人格として認める、という意味だ。敬意とは、人格のある人間に対する信頼に他ならない。信頼を持てないと、褒めることはできない。

最高のプロセールスマンの顧客との接し方、顧客との向き合い方は、リーダーとチームメンバー、会社のリーダーたる上司と部下とのあり方にも重ねることができる。リーダーはメンバーや部下に、自分の描く夢や構想、実行計画を「買っていただく」のだ。従ってまずは、相手に敬意をもって褒めることが先決である。

故事に「可愛くば、五つ教えて三つ褒め、二つ叱って、良き人とせよ」とある。つまり、「可愛く思うのであれば、相手のことをまず信頼し、最初に多くを（五つ）教えて、頑張っている現場を見つけては少し（三つ）褒め、さぼっているときにはここぞとばかり（二つ）叱って、世の中に役立つ良き人材としなさい」ということだ。

リーダーが自律的な人を育てようと思えば、教えるだけで終わらせてはいけない。その後の言動をよく観察して、まずは敬意をもってしっかり褒める、そして叱ることもできなければならない。たくさん褒めて、少し叱る、多くのリーダーが実態としてできていないことである。

先に述べたように権限移譲は、丸投げでもなく、放任でもない。権限移譲とは、信じているからこそ現場の人材にすべてを任せつつ、而して、しっかり観察して、進捗状況と結果に応じてすかさず褒め、必要な時には叱る、ということなのだ。

叱り方にはいろいろあるが、ネチネチした叱り方は最低最悪である。叱る時には青竹を割るようにスパっと短く、シンプルなものがいいだろう。手をあげず、穏やかに、厳かに、しっかり、あっさりと叱るのである。

そして叱った後に必ず、心から謝ることだ。その場で叱られた側は、謝るのならばどうして叱るのかと思うが、後から冷静になるとその温かさを感じることができる。心から謝る時に、何が納得できず、何に共感したかを、叱る相手に明確に伝えておくとよい。前提としては、相手が叱る人を自分のリーダーであるとあらかじめ認めていることが必要だ。

大事なことを教えてくれる人、いつも温かく見てくれている人、いつも褒めてくれる人というような敬意と信頼があってはじめて、リーダーは堂々と叱っても良いのである。

模　範

リーダーが示す模範は、人心収攬の力の体現だ。リーダーが目標と定めたロールモデルがいる。師匠だ。弟子は師匠を真似、越えて、新しい師匠となる。リーダーは弟子の可能性に向き合う。自ら弟子を育てることを通じて、人を残すことがリーダーであることを模範として示すのだ。背中を見せて示す模範は伝統的だが、いまでも有効で強力である。その背中は時に反逆にあっても構わない。ロールモデルは真似されることを第一義とはしているものの、反面教師として時には逆を促すこともある。そして弟子は、産まれ出る守破離の新たなリーダーとなる。

投企《とうき》を教える

リーダーが為すべきことは、次のリーダーを見い出し育て上げることだ。

自身がリーダーの道を歩んでいるときに、その役割を自らに課すことは簡単ではない。なぜなら自身が、まだリーダーに成り切れていないからである。自分が未熟であることを認識している時に、自分に代わり得る次世代のリーダー人材の探索と育成に気持ちが向かうだろうか。おそらくは進んでその決意はできないことが多いだろう。

しかし、自分に付いてきてくれる周りの部下や仲間たちのために、常に未来の可能性を共有することを惜しんではならない。未来の自分たちの可能性を共有することは、広い意味で次のリーダー人材育成の機会となる。一緒に目標に向かって努力する部下や仲間たちに、必ず目標を実現できるという可能性を信じさせることが、未来の有望な人材の自己啓発の機会となる。

未来を託せる次のリーダーは、部下や仲間たちの中にいるに違いない。リーダーが勤しむ人材育成の果実は、自身が信じて託せる未来のリーダーたちの出現によって収穫できるだろう。

そもそも人材育成や人材開発の要諦とは何か。

一言で結論付ければ、「人に自分の可能性に気づかせること」ではないだろうか。教育はそのひとつのアプローチであり技術であるが、教育を自分の栄養として血肉にするためには、結局は教育を受ける側の人の意欲と咀嚼力が欠かせない。

咀嚼力は意欲をもつことで得られる後天的能力であるから、具体的な教育に入る前に、まず意欲のスイッチを入れることが人材を育てるリーダーの役割となる。つまりまずは人に自分の可能性に気づかせることだ。

哲学的に言えば、「投企」を教える。投企に気づかせるのである。人に投企の場と機会を与える。投企を実践して見せるのだ。

「投企」とはマルティン・ハイデッガーから拝借した概念で、「可能性追求の自由な企て」である。

人間は、事実として既に世界に投げ出されている（これを被投性という）状態で、常に自分にふさわしい可能性に向かおうとする。本来的自我に根差しながら可能性追求の自由な企てができる存在である。

言われてみれば投企の意味はもっともだが、それを意識して日々を過ごせる人は少ない。投企を強烈に意識させることができるのは、影響力のある他者である。

自分が属するコミュニティや組織で影響力のある他者、リーダーの役割だ。リーダーは期待する人材に、ある時は様々な表現を駆使して投企を伝え、ある時は実践して見せることで投企の模範を示すのである。やればできる、と。

産業界の中でリーダーポジションを死守せんとする大手企業では、次世代のビジネスリーダー人材を育成する研修プログラムが、ますます重要となってきた。

長きにわたり業界に君臨する大会社では、組織として守りの姿勢が強くなるため、ルールありきの行動様式や社内カルチャーが保守化していく。コンセンサス志向の意思決定や、新しい挑戦ができない経営の優柔不断化が横行する。主力の既存事業を守るために、前例に従順で間違えない業務とタスクを実行する人材集団が優遇化され、新しいことにリスク覚悟でやみくもにトライすることは絶対に許されなくなる。

しかしそうこうしているうちに、外部環境変化への組織対応力は日増しに失われ、やがては競争力が崩れるように劣化していく。

そうならないために、そうなってしまう前に、革新力のある次代を担うビジネスリーダーが必須となるのだ。縮む会社組織に投企を教えるリーダーが求められるのである。

未来のリーダーに求められるのは、主力の既存事業を守りながらも外部環境の変化の中で成長の機会を見つけ出すパワーと能力だ。保守的な組織で上手く泳ぎながらも、先見先覚力に満ちた出る杭、出過ぎた杭の人材でない限り、それは務まらない。

会社組織に投企を教え、自身が自らの投企に忠実でなければならない。内部の保守的なマネジメントからの気づきではなく、広い世の中の他のリーダーとの遭遇と交流によって、次世代のリーダーが出現する。

保守的な会社がリーダー人材の研修プログラムを企画実行するのであれば、思い切ったリーダー人材のオープンイノベーションを確信犯的に企図せねばなるまい。保守的マネジメントに潰されないように、未来の会社の存続と進化のために今やるしかないのである。

経営学の本流である双面型経営、いわゆる両利きの経営は、出過ぎた杭である次代を担える投企のビジネスリーダーの出現によってこそ、実現できる。

業界リーダー企業の次世代のビジネスリーダーは、両利きの経営を自然体で考え抜き実行に移すことができる、未来の可能性を自由に企てることを楽しめる人材でなければ務まらない。

保守的な日本の大企業では、多くの人材が「人在」と化している。潜在性を持っているにもかかわらず、「人財」に化ける可能性について、意識も自覚も持てずにいる人在として放置されているのだ。かような組織に埋もれた人材に、無限の可能性があると教えられるかどうかが、ビジネスリーダーの真価であり組織の能力だ。

大会社のビジネスリーダーの多くは、優秀なマネジメントの役割として、次のリーダー人材に膨大な時間と労力をかけ、概念や思考や方法論を言葉やメッセージで教える。

そしてもっと大事なことは、期待する人材に投企の機会を与えること、投企の実践例を自らの行動の事実として、模範として見せつけることではないか。未来の人材に、無限の可能性追求の自由な企てに参画させることに、最も重きを置くべきではないだろうか。

人を残して上の上

人生100年時代の様々な局面を、意欲をもって進化発展させ、納得感をもって全うしたいと誰しもが願う。一所懸命生きてきた人なら至極自然に芽生える想いだろう。ならば、人生の後半では、それまでにインプットを受けたモノコトや経験で得たことを、他者のためにアウトプットしたいものだ。

祖父母になって孫を助け、甥っ子姪っ子を支援するなどもそのひとつの所作だ。

職場で齢60歳を越え、嘱託の身分になって初めて若手に魂の指導をする万年誠実な会社人間を時折見かける。リタイヤ後の生活で恵まれない子供たちを支える社会活動に、長い人生で初めての生き甲斐を見い出す人もいる。いずれも感動を禁じ得ない。

人間はどうやらこうして次世代に智恵を託すことを、直感的に大切だと実感できる存在らしい。世俗の欲望の実現を超えたところに、未来世界に種を残す利他の欲求がある。

「人を残して上の上」との名言がある。

戦前の行政改革の先駆者である後藤新平の言葉、「金を残して死ぬのは下だ。事業を残して死ぬのは中だ。人を残して死ぬのが上だ」から生まれた名言とされる。後世に伝わるときに「金を残すは下の下、名を残すは中の中、人を残すは上の上」となった。世俗の欲望である金と名声よりも、人を残す欲望こそが崇高な生きざまだ、というけだし腑に落ちる箴言となった。

西武グループを一代で築き上げた堤康次郎、津村順天堂の津村重舎《じゅうしゃ》や読売新聞グループを再建した正力《しょうりき》松太郎など、名だたる企業家を残したのがこの人、後藤新平だ。

中でも正力松太郎の逸話には感銘を受ける。正力から「10万円（現在の4億円程度）貸してほしい」と依頼された後藤は、「新聞経営は難しい。失敗しても未練を残すな。金は返す必要はない」と言い、言われたままの額面で貸した。政治家だからどこかから都合したのだろう、と正力は思っていたが、後藤の死後、実は自宅を抵当に入れた借金であったことを遺族から聞かされて、正力は驚き、号泣したという。

そこまで人を信じ、人の志と夢に賭ける人物も珍しい。行政改革でリーダーであった後藤は、企業家を残すことで民間活性化のリーダーでもあったのだ。

"Here lies a man who was able to surround himself with men far cleverer than himself."

「自分よりはるかに賢明な人たちをまわりに集めることができた男、ここに眠る」とは、米国の歴代経営者に畏敬された伝説のビジネスリーダー、鉄鋼王アンドリュー・カーネギーの墓碑に刻まれた言葉である。もちろん本人が生前に望んで用意した言葉だ。

カーネギーは常日頃から、より良き仕事をするためには、他の人の助けを借りる方が良い、と悟った時に偉大なる成長を遂げる、と信じ実践していた。真のビジネスリーダーが、組織と会社で最も大事にしなければならないのは、知財やブランドや設備や工場や資産ではなく、優れた人材であることを見抜いていた。

リーダーは、自分に付き従う人材を育成するのではなく、自分を超える優れた人材を多く育成し、次代の後継者として世の中に輩出することを普遍的使命とするものだ。


ではどうやって人を見い出し、育成し、未来に残すのか。果たして普遍的な方法はあるのだろうか。おそらく正解はない。答えはリーダーによって異なり、多種多様の自己流の方法があるのだ。

多くの企業家や各界のリーダーの伝記をたずねると、そこには慕っていた師匠や助けてくれた恩人、導いてくれた指導者について、数行だけにしても必ず触れてある。そこに示唆があるに違いない。あるいは現在進行形の人材育成に熱心なリーダーに、その答えを尋ねてみるのも良いだろう。いずれにしても多くの伝説や伝記は、人を見い出し、育てる、熱い物語で溢れている。

信越化学の金川千尋は、能力のある人材を見い出したならば、その人の能力以上の仕事を与えなさい、と説く。100の能力の人に200の仕事を与えるのである。見立ての通り本当に能力があれば、全力で取り組み、かつ、工夫をしない限り為し遂げられないので、自然と優先順位をつける判断力や効率化の手法を身につける。つまり人は育つのだ、と確信している。

遡れば経営の神様、松下幸之助は、「松下電器は、電気製品を作る前に人を作る」と語った。1918年の創業時から、社員の質と製品の良否が比例していることを嫌というほど経験してきたからだ。早くに研修所を設立し、部下に人材教育を丸投げせず、自らも研修に当たっていた。ジャック・ウェルチよりも時代は早い。

松下幸之助の人材育成の特徴は、「根気」の一言に尽きる。教える教育、指示する教育ではなく、たたき上げの方法論として気づかせる教育、気づきを呼び起こす人材育成を貫き通した。

リーダーの個性と信念によって、その教え方の思想やアプローチは異なって当然だ。共通しているのは、リーダーの最も大事な仕事は人を育てること、と真のリーダーは経験的にも直感的にも、合理的にも、魂の深いところで確信をしていることだろう。

明るい未来と希望をもちつつ、ある意味、悲壮感と危機感をもって、その確信をしているリーダーがいる限り、世の中も会社も、コミュニティも組織も、時代を超えてサスティナブルである。

ロールモデル

人心収攬の力は自らを範とし、リーダーが自ら模範を示すことで強まっていく。

リーダーは組織や会社の部下や仲間に慕われるだけでなく、常に模範とならねばならない。そのような存在と人物をロールモデルという。周りの人材から、真似したい、近づきたい、そして目標として越えたい、と思ってもらえる存在だ。

人気ではなく、人望のあるリーダーである。

古典芸能や伝統職人の世界では、プロの職業人として大成する志を持てば、まずはその道のリーダーである師匠選びから始めることになる。自分のロールモデル、理想的な将来像としての師匠を選び、師匠から選ばれることによって、フォロワーである弟子となれる。弟子は少しでも師匠に近づけるよう、日々絶えず努力し、精進する。

師匠と弟子、リーダーとフォロワーという呼び方はどうあれ、昔も今もその深遠な人格的人間関係のあり様は、どの世界でも変わらず真理ではないだろうか。

リーダーは曇りのない自信と信念のもとで、自らの行動を模範として周りに示す。周りの人々は注目し、魅せられるのである。魅せられた人々はフォロワーとなって、リーダーに近づこうとする。一部の熱心なフォロワーは時を得てミニチュア・リーダーに変異し、リーダーを補佐しながら更に成長する。

リーダーの周りに、将来のリーダー候補である多種多様なフォロワーのミニチュア・リーダーが集まり、チーム全構成員が一致団結して力を合わせていく。このようなチームは高業績の成果を残すことができ、しかも持続的に発展する。チームと組織に未来への夢と構想が共有される限り、今のリーダーに代わりうる新たなリーダーの卵が継続して誕生し、チームの目標を更なる高みに押し上げる。

ロールモデルの振る舞い方については、リーダーそれぞれの個性と信条に依拠して多様だ。言葉を上手く使えるリーダーならば徹底的に語るであろうし、いささか訥弁であれば行動をもって、昔で言う「背中」を見せて、実例を示すことになるだろう。

私が小学生の頃に通った大阪府堺市にある浜寺水練学校（古めかしい名称だが）では、水泳技術の修得によって昇級し、最後には黒い帽子に複数の白い線が入る師範代になれる。師範代になると最高位の師範に代わって教えることができるようになる。私も泣きながらも根性のみで師範代まで上がることができた。

水練学校と名が付いている通り、現代の競泳のための学校というよりも、世界共通の泳法を体得しつつ、日本古来の泳法を伝承することが重要な使命であった。紀州藩能島流の日本泳法を厳しく教えられたことは、今では甘き思い出だ。立ち泳ぎ、抜き手、潜り、浮き身などの日本泳法は、今でも身体が覚えている。

当時師範という呼び方は、子供ながらもとても威厳があり、魅力的な響きであった。

おでこと眉間に長年の紫外線に晒されて刻まれた深い皺のある齢70代の師範が、たまにプールの端で、立ち泳ぎから浮き身、抜き手をしなやかに波も立てず、鮮やかに展開するのを眺めてはよく真似たものだ。直接教わったわけではないのに、師範代を目指して教わるという意図はなく、師範をただ真似たい感覚で深く中に入り込んでいったように思う。リーダーたるロールモデル、師範、師匠。その人格のある模範としての行動とあり様は、型にはまったガイドや教科書よりも、はるかに奥が深く、そして力強く、次世代のリーダーを目覚めさせる震動波を放つ。

ビジネスの会社組織であってもそれは変わらない。大会社では師匠は必ずしも社長ではないだろう。ベンチャーならば、創業社長への憧れは師匠への憧れに似ている。

大会社では、人気のあった先輩やメディアを通して接点のあったその会社の魅力的な人材に惹かれ、またその人を将来の自分に重ね合わせて入社を希望する人がいる。業界の成長性や会社の業績、商品やブランド、待遇などの条件で冷静な判断も大事にしつつ、その会社の手触り感のある人材へのあこがれから就社志望する若者が多いのも事実だ。昭和の高度成長期には憧れの先輩に連れられて就職活動をしたものである。最近では前者の条件が主に優位になっているのは残念だ。

ＯＪＴ（On-the-Job Training）という言葉も、職場では昨今あまり見聞きしなくなった。先輩が責任をもって後輩を会社に招き入れた限りは、師弟関係の如く業務遂行しながら仕事のイロハを教えていくという昔ながらの人材育成手法だ。人間関係を活かして、泥臭く実践できる人材開発の方法である。昨今ではメンタリングやコーチングがこれに当たるが、人間関係を深くして相手に踏み込めないのが難点だ。

一方、会社のトップたる経営者、ビジネスリーダーの継承では、今でもＯＪＴは有効だ。社内外から次のリーダーを見い出し、経営者自らが候補者にＯＪＴを実践する。しばらくの期間はじっくりと一緒に仕事をする。傾聴と問いを重ね、議論を深め、共に行動する中で、経営者たるビジネスリーダーは模範たろうとし、選ばれた候補者は経営者からあらゆるものを必死で吸収しようとする。短くとも深く濃い師弟関係を経ることができると、経営トップの禅譲はうまくいくことが多い。

たまに頑固な創業社長の中で、何度もチャレンジをしては社長禅譲に失敗してちゃぶ台返しをしてしまう残念な御仁を拝見する。ＯＪＴによる師弟関係を構築する中で、ロールモデルに成り切ることができず、禅譲後においての諦観も足りないためだ。

マイクロソフトのビル・ゲイツはうまくやり抜いた。経営トップが忘れてはいけないのが、禅譲するなら権限のありそうな地位、院政をひく会長などにとどまってはならないことだ。野村克也のように生涯一捕手の如く、ゲイツのように最高テクニカルアドバイザーや、最高顧問デザイナーのような、専門職としての名誉職に就くのが賢いように思う。最高権力者の立場を譲ったら、とにかく半分以上は目をつむり、徹底して客観的なアドバイザーになることだ。

ところで、ロールモデルには反面教師もあることを追記しておく。

父親が厳格な公務員で､息子がその日暮らしの芸術家という例はよくある話だ｡家族のような最小単位のコミュニティだからこそ、ロールモデルになるはずの親が子供の反面教師になることもある。

いわゆる「背中を見ている」からこその反作用だ。背中を見て感銘を受ければ同じ道を歩むだろうし、背中を見て反発心や及ばぬ諦観を持てば、違う道を歩む。どちらも、ロールモデルたる親が、本人の意志のスイッチをいれることを手伝うという意味で、有意義だ。反面教師は潜在的には敵となるが、敵を知ることで敵を超え、またうまく避けることを強いモチベーションとすることができる。

同じ道を歩むよりも、まったく違う道を歩む方が難易度は高い。自らの意志で選び取った違う道が、同じ道よりも優れていることを証明しなければならないからだ。

コミュニティをまとめ上げるために、敢えて自身を皆の仮想敵国、つまり反面教師に仕立てるリーダーもいる。リーダーである自身を追放させるぐらいの覚悟と決断ができれば、そのコミュニティは結束力を強め、新たなリーダーの下で新しいコミュニティを創ることができるからだ。蛇足ながら現代の政治リーダーにもそのような度量がほしいものだ。

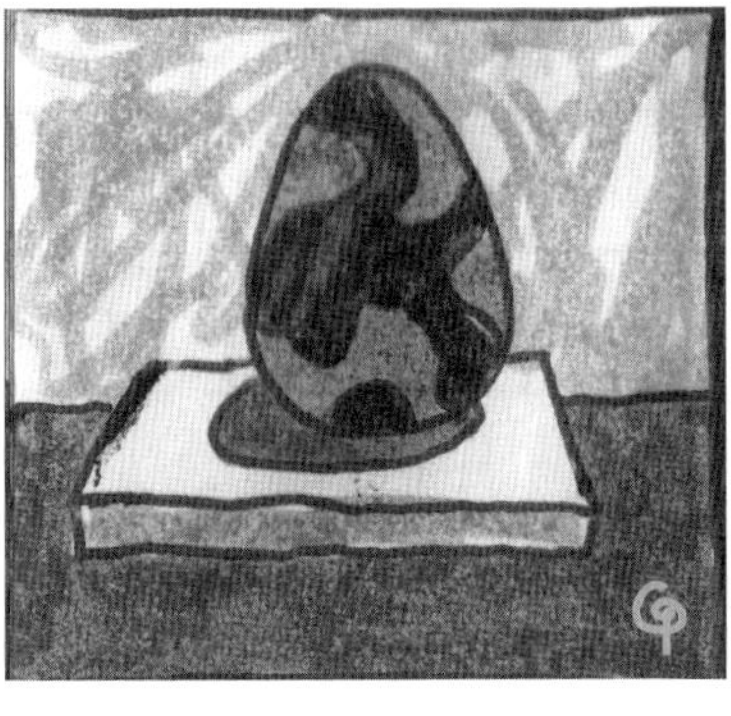

第3章　リーダーの行動実現の力

知行合一

リーダーの行動実現の力は、「知行合一」であることに尽きる。知ることは即ち行うことであり、行うことは即ち知ること。真の知は行による、真の行は知による。つまり知識と行動は不可分である。知行合一を唱えた中国の思想家、王陽明は明代の知先行後の傾きを正したかった。知っていても行動が伴わなければ、それは真の知ではない。リーダーの行動実現の力は、知識や知恵の愚直な実践そのものである。ただし、小さな行動に振り回されて、大きな行動を犠牲にしてはならない。怠惰な多忙とは直ちに決別すべきだろう。

陽明学の教え

陽明学ほど実践的な学問はない。学問というよりも、実践そのものへの讃美歌である。陽明学は『大辞林』に解説があるので、引用が長くなるが是非ご参照いただきたい。

中国明代の王陽明およびその学派の新儒教学説。元・明代に官学として重んじられた朱子学の主知主義的理想主義的傾向に対して、現実主義的批判を加え、主体的実践を重視した。心が理であるという心即理、生来の道徳的判断力を発揮せよという致良知、認識と実践を一致させよという知行合一、欲望を肯定する無善無悪など、を主要な学説とする。

陽明学は中国の明代に花開き、日本では江戸初期に入ってきたものの、しばらく疎まれることになる。中江藤樹や佐藤一斎、大塩平八郎や吉田松陰によって朱子学に反発する形で広められ、ようやく世の中に認められるようになった。江戸時代を終わらせる幕末の志士たちにとって思想的背景となった、と言っても過言ではないだろう。陽明学のみを信奉したわけではないだろうが、西郷隆盛の人生と行動そのものが陽明学のロールモデルだと私は考えている。時代を経て、内村鑑三や安岡正篤《まさひろ》にも陽明学の影響は色濃く見られる。

太平の江戸時代にあって定着が困難だったのは、歴史的に日本人の慣習や社会の暗黙の行動規範と相容れないところがあったからではないだろうか。

現実主義者となって主体的実践を重んじると、自ずと旧来の形骸化した体制や価値観に対して批判的になる傾向がある。良知（人が生まれつき持っている判断能力）の主体性を重視すれば、世の中の枠組みや既成概念にとらわれず、恐れを感じなくなる。そして慣性で動いている太平の世の体制に疑問を抱き、革命的になる傾向を持つのだ。

リーダーの行動実現は、良知を至し、知行合一を実践することで、革命性を醸し出すことにつながる。自らの主体的な判断力を信じ、正しいと思うところをひたすら愚直に実行することによって、つまるところ仲間と組織を動かす。動かすことによってリーダーとなるのだ。

客観的に観察すれば、その行動実現はある時は暴走、ある時は革新、ある時は愚行とされる。可能性として暗黒面のリスクがあることを十分に覚悟せねばならない。二・二六事件などのクーデターも、陽明学信奉の行き過ぎた暗黒面での実践の顕われだったと言えるだろう。

『史記』には「断じて行えば即ち鬼神之を避く」とある。リーダーの行動実現の力とはまさに、この断行によって結実する。

知行合一には迷いがない。迷いがないという意味は「断じて行う」という実態が先行する。ビジネスの世界で、ビジネスリーダーが真に会社と事業の課題解決に向けて正しく断じて行うことができれば申し分ないが、ほんの少しでも自己保身や私利私欲、あるいは自己顕示欲のような私心があれば、その行動実現は組織と世間に悪を為すことにつながりかねない。

「山中の賊を破るは易く、心中の賊を破るは難し」である。陽明学の祖も自身の体験の中で私心の暗黒面を見抜いている。良知にその答えを見い出そうとしたのは、迷いの中での希望の象徴だったのだろう。

リーダーといえども所詮は一人の人間である。易々と歴史的偉人に成り切れるものではない。また成り切ること自体が心中の賊、私心ともとらえることができる。やるべきと信じたことを断じて為す。良知をもった知行合一から、リーダーの行動実現への一歩は始まる。

理屈と行動

ビジネス理論で最も現場で利用されるのは、ＰＤＣＡ（Plan-Do-Check-Action）、つまり仮説と検証活動のダイナミックサイクルである。理論理屈を基に計画し、行動に移し、結果を検証して、次の理論理屈、つまり仮説を創る。業務の卓越性を実現するために用いる、伝家の宝刀だ。

すべての行動計画には、そもそも客観的にもっともな理屈が必要だ。理屈のもっともらしさが大事であり、他の誰よりも筋の通った理屈をもって次の仮説を創り出せるかどうかが、リーダーの力量として問われる。

ビジネスの世界では、ビジネスリーダーが打ち出す個性的で魅力的なビジョンや事業目標は、すべてリーダーのオリジナル仮説と言ってよい。独自性のある仮説を上手に創り上げることがリーダーに必要な能力であることは、先見先覚の力の章で述べた通りだ。

しかしいくら素晴らしい仮説であっても、現場での行動実現がない限り、何も起こらず、何も成し得ない。断じて為す行動実現があって初めて、顧客の反応、市場の反応、取引先の反応、社会の反応が生ずる。これらの反応を率直に受け止めてこそ、次にやるべきこと目指すべきことが明らかになるのだ。

リーダーへの飽くなき期待はその行動実現であり、リーダーの力量は行動実現の力強さによって評されるべきなのだ。


ダイキン工業を、エアコン事業体としてグローバルに成功させた立役者であるリーダー、井上礼之《のりゆき》は「六分四分の理」を説いている。戦略六分で決断し、断行することが大事で、後は行動しながら修正すればよいとする。

ダイキンといえば、今でこそ世界一のエアコン事業体であるが、大元はドメスティックでローカルな大阪金属工業だ。その名を縮めて大金、つまりダイキンである。若い人はその名前の由来など知る由もないし、想像もできないだろう。今や売り上げの8割をグローバル市場で稼ぐ、日本を代表するエクセレントカンパニーである。

その躍進を牽引した井上は、一流の戦略と二流の実行力よりも、一流の実行力と二流の戦略の方が断然いいと結論づける。

「世の中のパラダイムシフトが急速に進む現代にあって、今の戦略はすぐに現実から遅れる。ならば、だいたい方向性ができればすぐに実行に移す。実行の現場の波打ち際でリーダーも入って戦略を柔軟に変更すればよい」とする。実行力こそが一流、でなければならないのだ。

ところで、二流にも満たない戦略の多くは、二流の会議の中で生まれる。会議は踊る。会議が空転する。会議が長引く。会議ばかりに埋め尽くされた日程。結論の出ない会議。次のステップが見えない会議。まとめ役や議長が居ない会議。誰も踏み込んだ発言をしない会議。次の会議を決める会議。会議をポジティブに表現する言説がないのはどうしたことだろう。

会社の誰もがやたら開かれる生産性のない会議は好きではないという現実をどうするのか。無駄な会議を多くさせているマネジメントの地位にある人は、猛烈に反省しすぐにでも改善しなければならない。目的と課題解決に向けた緊張感のある短い会議を開催し、ネクストステップの結論を出すのだ。結論から導かれた二流以上の戦略方針が合意されれば、あとは一流の実行力の実現に集中するのみだ。

とにかく明日から、今日からでもいいが、だいたいの方向性の理屈、仮説が出れば、まずはやってみること、即実行に移すことだ。せっかちはダメ、拙速は禁物という日本人も多いが、実は直ぐに行動に移せる人を羨ましく思っているだけではないだろうか。行動を起こして失敗した人に平気で後ろ指を指して、「だから言わんこっちゃない」と上から目線になる人間こそ卑しい。

米国のアントレプレナーシップ教育のメッカであるボストンのバブソン大学では、Action trumps everything！（思い立ったら即行動）と常に叫んでいる。

起業家として新しいビジネスに挑戦するときに、如何に理屈や仮説が素晴らしいと評価されたとしても、結局はやってみないと何も起きないぞ、何も出来ていないことに等しいぞ、ということだ。成功は約束されてはいないが、成功は行動からしか得られない。

一万人がやりたいと思い、百人がやり始め、一人が実行継続するのが世の常である。成功に目標を置くのではなく、挑戦とその行動にこそ目標を置くリーダーシップの機会を、力強くつかんでもらいたい。

心技体

行動実現の力は、「心技体」により、内から外へ波及力をもって実態化する。心と技と体の三位一体によってこそ、本質に向き合い、現実的な解を創出し、実体を伴った行動とともに課題解決が成立する。いずれが欠けても、いずれが突出しても美しくない。そもそも心技体の三位一体は武道の要諦とされる。

まずは健康な身体があって、そこに穏やかで確かな心が宿り、志や想いや情熱があり、しっかりとした技、つまり知識やスキルや能力が一緒に備わっている状態を指す。

体は心と技がないと動かない。体と技があっても心がないと継続しない。心と体が呼応しても技がないと独り善がりのやり方で周りを混乱させる。心技体に勝る相手には勝てない。心技体は本質においてひとつである。

武道の達人で師範ともなれば三位一体の体現者であるが、同様にビジネスの世界でも会社組織のビジネスリーダーたるべき人も同じ体現者でなければなるまい。これなくして、周りの人たちを引き付け、巻き込んで、何かを成し遂げることは望めない。

知行合一に照らして考えてみる。知に当たるものが主として技である。行は心と体を指す。行動とは心を伴うものであり、王陽明も、行には人間の心の働き、好悪の情や心に兆す意欲や思念も含まれている、とした。その心の働きは社会的善に沿っているべきだ。これが至良知の考え方である。

心技体の三位一体を、経験の浅い人間がすぐに実現化することは容易ではない。知行合一において、知行を同時実現するのは容易ではないのと同じと考えてよい。頭で分かっていても身体、つまり意味のある行動には直結しないものだ。やみくもにまずやってみよう、の掛け声に調子に乗って行動を起こしたとして、一体何が為し得るか。無分別にバタバタと動いてしまい、方向感もなく無意味に行動してしまうのが関の山である。

しかし、これは恥ずかしいことではない。だからこそ経験の浅い人間には、心技体を学ばせるための様々な型が用意されている。心技体の深い学びの入り口、最初の一歩を踏み出す方法が用意されている。

武道に見られるように、素人にはまず、意味が分からずとも型から入ることを勧める。遠い道のりに見えようとも、熟達を目指す第一歩であり、多くの先達が検証した王道である。武道が型を重んじるのは、長い歴史の経験則による。形骸化した結果ではなく、伝承する智恵なのだ。

本当の意味を知ることが真の知であるが、いきなり本質を理解できる人は皆無だろう。だからまず型を知るのである。そして型を徹底的に繰り返すのだ。

型を徹底的に繰り返し、極めることで、身体は鍛えられ、かつ、技の基本が無意識に入り込む。心は無心の境地に達し、乾き切った土のように教えを吸収する。そして教えを吸収した豊穣の土から、新しい芽を育てることができるのだ。

ビジネスの現場に置き換えると、さしずめ型はビジネス作法であり、次にビジネスマネジメント手法や基礎的なビジネスリテラシー、さらには、世の中に通じるリベラルアーツまでを包含すると考えてよい。

例えばマネジメント手法や基礎的なビジネスリテラシーの中には、ビジネスの戦略や戦術を考えるための道具と、その基本に忠実な使い方が、典型的な事例とともに教示されている。これが型である。ビジネスの様々な現場で基本に忠実に、何度も何度も型を繰り出せば、かなりの確率で課題解決に向けた始動ができるようになる。熟練してくると、突然顕在化した問題に対しても、反射的に無意識に対処対応できるようになるだろう。

ビジネスにおける心技体の三位一体の実現も、かように忠実に型から入ることに始まるのだ。

行動実現の基礎的な力は、まずは型から入って素直に繰り返し学び、徹底的に無意識にできるようになるまで継続する。検証済みの様々なマネジメント手法やビジネスリテラシーを型として愚直に、ひたすら繰り返し実践すれば、自ずと心技体の三位一体の体現者となるのである。

怠惰の多忙

ビジネス現場の多くの経営者の口癖で、且つ周りで支える人々の共有認識は、「経営トップはいつも多忙」である。トップが多忙となる理由は、時間の隙間なく予定を詰め込むからだ。できる限り多くの社員や取引先の人々、大事な顧客と会い、交流し、情報を得たいのだから、予定が尽きないのはやむを得ない。知りたいことを知って行動を起こすのだから、知行合一の精神そのものともいえる。

経営トップとして当たり前にやるべきことを極めようとする行動は、凡事徹底としてむしろ賞賛に値するように思える。陽明学に傾倒した西郷隆盛も、明治政府に入ってからは多忙を極めたに違いない。岩倉使節団に加わっていれば、多忙に身を埋没させることもなく、日本国内の最後の内戦となった西南の役に駆り立てられることもなかったのではないだろうか。

しかしこの多忙こそが、知行合一の実践上の落とし穴である。

知識を得ることを効率的に、時間を有効利用して実現することは可能だが、行動を効率的に、時間を短縮して実現することには自ずと限界がある。社員や取引先や顧客と交流するのに、さすがに10分単位で回すことは相手に失礼であるし、自らも納得できる情報を探ることができない。1日10時間フルに充てたとして、30分単位で回しても休みなしで20人が限界となる。それが分かっていて予定を詰め込み、宿命的に多忙を極めることになる。多忙を楽しむ御仁もいるが、多忙を極めると生産性は破壊される。効率化どころか、非効率な時間配分を余儀なくされる。多忙に振り回されて本質的な優先順位を見失うのだ。

ビジネスリーダーの場合、多忙を極める原因である多くの人たちとの交流によって、それぞれに意思決定を迫られる。相応の時間を使えない中で、多くの細切れの意思決定に切迫される。

まさに哲学者セネカのいう「怠惰な多忙」に陥るのだ。忙しくすることで充実しているはずの時間が不毛で何も生み出していないという事実に、愕然とさせられるのである。

知行合一の精神と実践が、目先の小さな行動や意思決定を近視眼的に実現してしまう。凡事徹底という正当化とも相まって、怠惰な多忙を実現する落とし穴にとらわれる。小さな行動と意思決定が、時として大きな行動と意思決定を阻害するのだ。

ビジネスリーダーに求められる知行合一の精神は、会社と組織と世の中の大きなダイナミズムを生み出すための、俯瞰的で挑戦的な意思決定と行動にこそ生かされなければならない。怠惰な多忙による不毛になりかねない細切れの時間を、徹底的に駆逐せねばなるまい。

三現主義

ビジネスリーダーの行動実現の力の過程を、一言で表すのに、「三現主義」は正鵠を得ている。現場・現実・現物の三現は、リーダーが今動いているビジネスの場に常に身を投じている、という意味だ。ビジネスリーダーは常に頭を振り絞って考え続けなければならないが、同時に、現場で動き続けなければならない。ＰＤＣＡを自ら回し続けるのだ。これをマネジメントとも表現するが、リーダーシップの伴うマネジメントでなければ、革新的進化は起こらない。自分の肌で限界を察知することもできるからだ。身を投じるからこそ得られる、貴重で深く刻み込まれる体験が、次の行動実現の力を支える。

答えを探す

トヨタ自動車の豊田章男社長が、赤坂界隈をカジュアルな服装で歩かれているところを拝見したことがあるが、とにかく格好がいい。メディアで拝見するスーツ姿とはまったく趣が違う。

彼は根っからの車好きなレーサーだ。車好きが車を創る。レクサスからヤリスまでトップ自らが運転することなく、自動車会社のリーダーは務まらない。創業者のファミリーだから経営者になれるのではない。誰よりも自動車が好きだから、車の運転が楽しいからこそ、世界最大の自動車会社のトップ、リーダーでいられるのだ。

豊田章一郎は品質の高い車を創ることが誰よりも好きで、何よりも楽しんだリーダーであった。本田技研工業の本田宗一郎も、とにかく車づくりが楽しくて仕方がなかった。ホンダ二代目の社長となった河島喜好が、あきれて放逐したくなるほど頑固者で、車づくりのオタクであった。エンジンの空冷・水冷論争は、あまりにも有名なまさに水掛け論のエピソードだ。豊田章一郎の車好きも相当なものだが、本田宗一郎の何よりも技術に優れた車づくりにこだわる執念の凄さは、群を抜いている。


車づくりの創業者の執念の度合いはさておき、今の世界のトヨタの底力はカイゼン活動への執着にある。トヨタ自動車という一企業の品質管理方式であったカイゼンが、世界中のあらゆるモノづくりの現場に採用されている事実は、その本物度合いを証明する。

日本が世界に誇る品質を打ち出せたのは、モノづくりの現場に徹底的にこだわりの強いオタクが居たからこそだ。今やトヨタの現場にこだわる組織のあり方は、現場・現実・現物の三現主義として、カイゼン活動と同様、経営やリーダーのあり方として世界中の会社で手本とされている。


同じ自動車業界にあって、モノづくり現場主義にこだわるリーダーとして記憶にとどめたい経営者に、ポルシェ、アウディを経てドイツのフォルクスワーゲングループで長年トップを務めたフェルディナント・ピエヒがいる。4人の女性との間に13人の子供をもうけるという破天荒な生き様の御仁だが、天才的な自動車エンジニアであり、無類の車好きであった。覆面試作品の段階で経営トップが自ら乗り倒す。60度を超える灼熱の砂漠、極寒の北極圏でハンドルを握り、覆面試作品の車を運転し尽くすのである。まずは一人の車好きの消費者として納得できるまで乗ってみない限り、充分な検証はできない、との信念からだ。

フォルクスワーゲンの開発チームがどれだけモノづくりに執着し、生産チームがいかに品質にこだわり続けなければならないか、現場を貫くだろうその緊張感を容易に想像できる。

会社の経営には、検証し尽くしても100％納得できる答えが得られないことがある。しかし、答えは出し続けなければならない。参照した自動車業界の事例、その品質向上のための検証のあり方は、そのような答えのない経営課題に向かい合うための示唆となる。

そもそも品質とは、自動車業界の例でも実際に車を運転する千差万別の多様な消費者によってとらえ方、評価の仕方が異なるのが普通だ。であれば誰の期待品質をも裏切ることのない最大公約数となる品質を、どのように実現するべきか。その会社のリーダーが率先して、徹底的に追求しなければならない課題だ。

永遠に答えが出ない課題であることを知りつつ、探索を諦めない。リーダーが率先して現場・現実・現物に真正面から取り組み、ＰＤＣＡを自ら回し続けながら、永遠に答えが出ない課題に答え続けなければならない。自らの三現主義による実践検証と仮説構築に、全身全霊を投じる。

それはリーダーにとっては、なんら苦痛ではなく、この上ない喜悦である。

『リーダーの教科書』の新将命によれば、優れたリーダーは3Kを持っているという。

各論と行動と結果の3Kだ。総論賛成、各論反対は、組織で嫌われる事態であるにもかかわらず、日本の硬直化した会社や組織ではよく見られる。リーダーの役割として、賛成された総論を賛同される各論に落とし込む力が求められる。

総論は大局観として大事だが、賛意を得られる各論に落とし込めなければ、永遠に現場は動かない。複数に分解された各論を優先順位付けし、現場の行動につながるように導くのである。また行動においては、ただやみ雲に現場を走り回るのではなく、常に結果を強烈に意識している。これらができない限り、有効な判断や決断はできない。

本田宗一郎も豊田章男もフェルディナント・ピエヒも、会社の顔である前に、その会社の提供する商品やサービスをこよなく愛する一人の消費者であろうとした。一人の消費者として徹底的に、客観的に、会社とプロダクトのあらゆる課題を探し、問題をつぶし、答えを出そうと最後の最後まで体を張って詰める。諦めない。

スティーブ・ジョブズのiPodやiPhone発表会のプレゼンテーションは最高に格好良かった。ジョブズがアップルのプロダクトの体現者だったからだ。日本の或るメーカーのトップが新しいデバイスを発表する際、上下さかさまに会場に見せて満面の笑顔のバカ面を晒したことを思いだす。同じ日本人として赤面の至りだ。

自ら市場に問いかける商品やサービスを、熱狂的な顧客の一人として使い尽くして初めて、リーダーは会社とその商品やサービスの顔となれるのである。

Beyond PDCA

PDCAを回し続ければ、常に最善の答えが得られるわけではない。もちろん時として新たな改善点を発見することもある。しかし、継続的に循環させるPDCAを通して改善の積み重ねはできても、革新的な進化に飛躍することは少ない。

三現主義のPDCAを信奉し過ぎるべきではない。大局的に、俯瞰的に、時には本質的に、ActionからPlanを超越して構想することも求められる。その挑戦こそがリーダーの大事な、他に代えがたい役割であることを忘れてはなるまい。

ＰＤＣＡを回すことで最善を尽くすマネジメントの責務を超えて、次の大いなる仮説や新しい方向性を発見するリーダーシップの発揮が必要となる。ＰＤＣＡを回しながら、その回転の外に飛び出す遠心力を働かせる試みが求められるのだ。

そもそもＰＤＣＡに必須の三現主義とは、今の事実を知ることだ。どこまでも徹底的に、今起こっていることを身体性をもって知り尽くす。

リーダー自らが足を運んで、自身の裸眼で、五感で、現場・現実・現物を観察するのである。迷ったときに自ら問い直すために、現場百遍、三現に戻る必要がある。ＰＤＣＡの特にDoの状況とその成果のCheckを体験、自省するためだ。

ところがDoの状況とCheckの検証のときの事実の認識において、各々のリーダーの間には、常に事実認識のズレが生じるのではないだろうか。ベストセラー『FACTFULNESS（ファクトフルネス）』では、事実認識に人間が持つ10の本能が邪魔をすることが解説されている。データや事実に基づき世界を読み解く習慣を身につけるために、それら人間の本能による支配から逃れなければならない、と警告する。

しかしすべてが画一化し均質化された事実認識に収れんするのはいかがなものか。論理的には筋が通るが、実態としてはすべての事実が網羅されない限りにおいて、何かを見逃しているという直感が働くことが重要ではなかろうか。一寸先の時間には、今は想定していない、環境変化や変数が生じる可能性があることは、経験上の真実だ。

大いに徹底的に三現主義で知ることは、実はそう簡単ではないかもしれないととらえるべきだ。

リーダーが真に「知る」ことを強く願うならば、まずは大いに疑うべきではないだろうか。疑うことから始めれば、実証するためにも、より深く真実を知りたくなるものだ。

第1章で述べたように先見先覚のため正しく疑うのである。疑問を持てば目の前の課題解決、PDCAのActionとPlanに落とし込むに当たって、ゼロからその本質を問い直すことができる。Doの状況とCheckにおいて、単なる事実だけでなく事実と推定できる仮説を持ちこむことも可能となる。カバーしきれていない事実らしきことを、分析の変数として取り込むこともできる。

するとある時、ふとPDCAの解の正しさに疑いを持ち、正しさの限界を本能的に察知できるようになる。

例えば、多くのサービス業の会社が目指す、顧客満足度の向上のためのPDCAを考えてみる。検証された結果をもとに継続的に繰り出すActionとPlanだけで顧客満足度は極大化するだろうか。繰り出されるDoによって確実に顧客の不満は解決していくだろうが、顧客にサプライズな感動を生み出せはしないだろう。PDCAの延長線上のアプローチでは限界があることを、直視直感することが必要だ。

非連続で革新的なActionとPlanの創造は、現在の顧客との関係質をしっかりと疑いをもって観察し、推論することでしか糸口をつかめない。顧客との関係の再構築を抜本的に進化させる革新的な取り組み仮説に至る道は、事実に基づいた上での一寸先の創造と発見へのジャンプである。

ただ真面目にPDCAに拘泥するマネジメントは、過去からの問題解決なら得意だが、革新のチャンスを見逃してしまう。執念深い三現主義から脱して、時に力を緩めて瞑想するのがよい。ファクトフルネスでしっかり疑いを持つからこそ、どっしりと構え、Beyond PDCAへの跳躍と挑戦が実現する。

これからは世の中もビジネスも「COTEXTFULNESS（コンテキストフルネス）」で取り組むべきだと思う。静的なファクト（事実）よりも動的なコンテキスト（文脈）が複雑系の世の常態である。すなわちコンテキストフルネスこそがファクトフルネスの本質ではなかろうか。ファクトが織り成すコンテキスト、多様な事実が相互相乗作用で起こす変化、ならば予測的に何を為すべきかという文脈思索が求められる。世の中もビジネスも動的なコンテキストで予見し未知の未来に備えなければならない。

そもそも人間は事実を自己の主観を交えて解釈し認識する本能から逃れられない。好奇心が強くリーダーシップにあふれた人間は、文脈思索に執着することで多様な事実の編集に夢中になる。まるでシナリオライターや舞台監督の如く、次のシナリオを想像することをやめられないのである。次に何を示唆するのか、どのように未来を解釈すべきか、展開していくべきなのか、コンテキストフルネスに没頭する。

未来に展開するコンテキストを予測して、今を解釈するべきなのだ。その予測的解釈があってこそ、繰り出すActionとPlanも強烈な改善、小さくとも革新的な打ち手を生み出す。未知の未来に対する個性的で深遠な解釈が継続して重層化することによって、ActionとPlanは非連続的な超越（Beyond）の機会を得るに違いない。

学問なき経験

学問は、理論として教えることが中心とならざるを得ない。理論は普遍的で演繹的に活用できるから、個別の事象や問題に関して合理的な対応策や解決策の方向性や複数の仮説を生み出すことに欠かせない。

しかし一方で、数学のように頭脳と机の上での一定の枠組みで解が導き出される学問領域と違って、ビジネスの世界や会社組織の事業現場は、常にインプット情報が刻々と変わり、前提となる枠組みが変化していく。変数が多く、変数自体が変化し続ける中では、様々な問題や出来事に対処するのに学問的理論だけでは歯が立たない。とりあえず、解としての方向性や複数の仮説を出すには出せるが、その確からしさへの自信は持てない。また、直ぐに実践できる具体的行動の青写真を、レディメイド的に容易に描けることもない。

ビジネスの世界や会社組織の事業現場では、学問から得た理論よりも、経験がものを言うことが多い。

経験は学問に勝るのである。

学問は修めていないが経験はある、それも多くの経験があるという人材は、事も無げに目の前のビジネス課題に対処できる。降ってわいたような課題に対しても、具体的な最善の対処策を直ぐに講じ、行動を起こすことができる。考えなくとも帰結する解が最初から分かっているかの如くだ。

いわゆる即戦力で使える経験豊富な人材である。どの会社も喉から手が出るほどほしい人材だろう。

かように、多くの蓄積された経験が学問から獲得した理論や概念に勝るとも劣らないことを見聞きすることは多い。多様で大量の場数を重ねた現場経験が、これから現場で起きることを予見させ、多くの引き出しから対処策を選び出し、実行では身体の動かし方まで無意識に理解しているから、強い。

つまり学問なき経験は、経験なき学問に勝るのだ。

リーダーはこの意味をよく理解し、自身も限りなき経験の海を泳ぎ続けつつ、部下や次世代のリーダー候補によくよく多様な経験を積ませなければならない。

自身が経験したことを語り、時には抽象化して理論的に教えることも大事だが、やはり自身と同様の現場経験をさせることの方が、断然効果的である。しかも、できればより多くの、日常的ではない極端な経験をさせることが人材を目覚めさせる。でき得ればひとつでも緊張感に満ちた厳しい修羅場を、親心としては体験させてあげたいものだ。

複数の似かよった現場をマドルスルーする（方向が分からない中で泥の中を手探りしながら出口を探し遂には突破する）体験をすると、自然と自身の中で独特に理論化、イメージ化されていくものである。デフォルメされたり、フレームワーク化されたりして、何かしらの法則性やダイナミズムを体得することになる。その理論やイメージやダイナミズムは、次のよく似た現場で試され、検証されるのだ。もちろん上手くいくときと、思うように運ばないときもある。

この不条理な経験が学問的理論を越えて、行動しながらよく考える姿勢や臨機応変性や俊敏性に生かされていくのである。

大企業でのプロジェクトで学んだ理論や手法やフレームワークが、ベンチャー企業に必ずしも生かせないことが分かったのは、私自身の現場経験による。多くのベンチャー企業の新規事業開発や新商品開発、ビジネスモデルやオペレーション構築の、多様で大量の現場体験を創業チームと共にマドルスルーさせてもらったことは、私の理論武装や直感着眼の根となっている。多様で大量の経験の積み重ねが解の方向性や確信性を強め、今すぐ着手すべき具体策に現場に馴染む臨場感と迫真性を醸し出すのである。

一方で、経験至上主義になり過ぎることで陥る問題もあるので指摘しておきたい。注意すべきは二点だ。ひとつ目が、似ている現場を多く経験し過ぎること。2つ目が、現場だけにすべての時間を投入してしまうことだ。

ひとつ目の問題は、数は多いが同種同様の現場に集中しすぎたために、モノの見方が偏狭となり近視眼的になるリスクである。将来のリーダー候補には慣れた現場だけに集中せず、自ら買って出て異種異様な現場に挑戦してもらいたい。

2つ目の問題は、内省の時間が失われるリスクだ。現場をただやみくもに渡り歩くだけでは、一人になってじっくりと振り返ったり、思索にふけったり、読書などを通して新たな知に触れることができなくなる。将来のリーダー候補には、自らを省みる孤独の時間が必須である。

突破力

リーダーの行動実現の力は知行合一によって起動するのだが、DAY ONEから素早く最高潮にもっていくには、野性的スピリットとスキルが必要だ。初速からフルスロットルで力強く垂直に立ち上げるのだ。リーダーのロケットスタートこそ、行動実現の力を支える突破力である。しかし突破力は無謀であってはならない。確かな強さと速さ、高さと方向性が求められる。些末な課題に対して発揮されるべきではなく、最重要課題を最初から狙うべクトル設定と連動するべきだ。突破力はファーストペンギンを目指す。リスクは高いが、稔りに重みと未来への展開性を持つ実現への行動なのだ。

アスリートの初速

リーダーの言動は常に注目される。特に言動の「動」が、モノ言わぬ説得力を持つのは明らかだ。夢とビジョンを語り、フォロワーの心をつかんだら、間髪入れず率先して行動する。それがリーダーの動力だ。

行動の初速が遅いと、フォロワーはたるむ、だらける。初速が速くて力強いと、フォロワーも本能的に追随したくなる。

初速が爆速だと、慣性の法則で速度を保ちやすくなる。フォロワーも最初からの猛スピードに慣れると、仮に中だるみをしても、初速スピードの記憶につられて回復も早い。行動全体の平均速度は上がるので、生産性もパワーも上がるのだ。

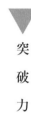

例えばスポーツでは、相撲の立合い、野球の外野手の守備の動き、サッカーやラグビーのオフェンスシーンのイメージである。

相撲の立合い直後のぶつかり合い。土俵際の砂かぶりの客席に居れば、力士のおでこの激突音に驚かされる。全体重をかけ互いに前傾で踏み込み激突するわけだから、その破壊力はすさまじい。立合いが不調だと審判長が不成立を宣言して行司にとり直しをさせる。力士同士が呼吸を合わせることがルールだからだ。先にぶつかれば相手を押し込み有利に展開ができるが、フェアとされない。最大最速最善の呼吸の合った立合いが絶対なのだ。

今は亡き第58代横綱の千代の富士を思い出す。小柄ながら筋肉質な体型で、ウルフと称され愛された。その奥義は立合い直後に鋭く踏み込み、直ぐに左前褌《みつ》をとって間髪入れずに力技で投げる鮮やかなものであった。

野球の外野手の守備の動きは、プロとアマチュアを比較するといかに大きな差異があるかがよくわかる。プロ野球の外野手は、バッターが打った瞬間にフライの到達点を自分の守備範囲の中で的確に想定し、飛んでくる打球から視線を切ってダッシュして到達点に向かい、振り返って打球をとらえて捕球する。

イチローの絶頂期はまさに芸道の如く、打った瞬間に鋭い打球の到達点へ一直線に猛ダッシュした。アマチュア野球では、打球を追いかけ目を離さずジグザグに走りながら捕球しようとする。草野球で皆さんも捕球しようと万歳した経験はあるだろう。

サッカーやラグビーでオフェンスに変わる初動は、強いチームになればなるほど電光石火の如く速い。相手方ボールでディフェンスしている最中、味方がボールを奪った瞬間にチームの動きを切り替える早さこそが、得点に結びつく可能性が高いからだ。ボールを奪った瞬間の初速のスピードこそが、相手を出し抜く強烈で優れた技術であることを、プロ選手全員が理解している。中でも初速を最大限に出せるオフェンスの中心選手に、勝利を託すボールがパスされるのだ。

サッカーのクリスティアーノ・ロナウド選手に引き継がれたボールが、あっという間にゴールポストに吸い込まれるシーンを思い浮かべた人も多いだろう。

ビジネスリーダーたる者はプロの職業人である。

トップアスリートの如く初動と初速をこなすことができる。またこなすことを期待されている。外部環境の変化や顧客や競合の動向などに常に集中力を研ぎ澄ませ、素早く対処すべく、有事には一気呵成に動くのだ。最大限の初速で動かないと、生き残る最適な場所取りができない。力強く動かないと、目標の到達点まで組織の構造と態勢を保つことができない。すなわち、難局を突破できないのだ。初動からフルパワー、フルスピードを出せることが、率先するリーダーに求められるのだ。突破力には爆発的な初速が必須である。

ロナウドはサッカー界でトップレベルのスプリント能力保持者だ。日頃から坂道ダッシュの練習を欠かさないという。理論にはさほど詳しくはないが、坂道ダッシュは平坦ダッシュと比べて股関節やハムストリングスの負荷が高い。陸上100メートル走のスプリンターがクラウチングスタートした瞬間、地面に対して体の飛び出し角度は45度だ。つまり坂道ダッシュの傾斜角度は初速を上げるダッシュに必要な角度と負荷を与えてくれる。トップアスリートはこうして体幹や下半身を作り、勝負する瞬間に賭けるのだ。

ビジネスリーダーもトップアスリートの如く、常日頃から初速を最大化できる瞬間に備えねばなるまい。事業の体幹となる理念や志を鍛え上げ、足腰たるチームと組織を固める。坂道ダッシュの如く、手が届きそうで届かない目標に向かって前のめりで、何度も何度も不断に挑戦を続けるのだ。

矛盾と止揚

突破力はなぜ必要か。

世の中には理論や合理性では割り切れない、筋が通らない想定外の事象が起きる。マクロ経済の世界も、産業の新陳代謝も、技術や文明のメガトレンドやミクロ経済の世代の価値観と消費行動も、常に予断を許さない。

ビジネスシーンの中長期戦略で、理論通りモノコトが進み、想定通りの成果が得られることは稀である。会議を重ね、抜本的改革を先送りし、現状延長線上の中期計画を何度も性懲りもなく書き変えている限り、永遠に革新は起きない。むしろ状況を悪化させる。

ならばどうするべきか。手をこまねいて、状況変化をモニタリングするだけでいいのだろうか。否、まずは果敢に、決め打ちで動いてみるべきだ。まずは行動による現状打破である。

これが突破力のある行動に発展していく。求められるのは乾坤一擲だ。

実際のビジネスの現場では、往々にして矛盾する意思決定を迫られて突破力が鈍る。

例えば、決断せねばならぬ新たな選択によって今の利益が失われるトレードオフの可能性が高いとき、さてどうするのか。あるいは、論理的には正しくない選択肢にしか打開できる可能性がないとき、どうするのかである。

矛盾する難しい意思決定を迫られるときに、リーダーの行動実現の力、その胆力が試される。矛盾をのみ込み、無謀に意思決定と行動を起こすことが、果たして突破力なのだろうか。

非合理的で不条理な矛盾を受け止めたうえで、より良い未来への理想と確信をもって切り拓く意思決定と行動こそが突破力だろう。リーダーは矛盾をこそ友とし、親和し、超えるべきだ。

矛盾とは、対象を明らかにして現実的に理解することから始める。

いかなる盾をも突き通す矛といかなる矛をも防ぐことができる盾が同時に存在することはありえない、という中国の故事が矛盾という概念を産んだ。同時に成り立つことがない2つの命題は矛盾している。便利な概念なので、問題解決を妨げる、問題解決を避けるために多用される宿命を担ってしまったらしい。

そもそも矛盾は、限られた条件や閉じられた時空間の中にあって、リテラシーの制約の中で起きる現象だ。つまり条件や時空間を開放すれば解かれる可能性がある。あるいはそもそも矛盾は常態で、矛盾と考えること自体が矛盾すると も想定し得る。

どうだろう。ビジネスの現場で矛盾は常態ではないだろうか。矛盾する命題が同時に現れ、導かれるのが現実だ。つまり矛盾はあってはならないのではなく、あることが自然である。

先見先覚の力としてリーダーの俯瞰力を説いた折に触れた、哲学者ヘーゲルの弁証法を叡智として、矛盾する現実に適用し利用しない手はない。

弁証法では矛盾を消極的にとらえず、発展の契機や克服の対象として積極的にとらえる。矛盾対立と向き合い、対立を同時に解決する、より俯瞰力のある解決を目指すのだ。いわゆるテーゼ、アンチテーゼの対立を超えるジンテーゼへのアウフヘーベン（止揚）である。止揚は矛盾の突破力となる。

止揚の突破力には爆速の初速だけでなく、確かな高さと正しいベクトルが必要だ。時空間の四次元でイメージする。より高く、より遠く、時間軸を越えて巨視的に大きな目標に向かうムーンショット（Moon shot、実現は非常に困難だが実現した暁には世の中に極めて大きなインパクトをもたらす独創的なイノベーションや挑戦）を目指すのだ。

批判を浴びる例示となるかもしれないが、地球上のごみ問題を考えてみる。

二次元的には、ごみゼロ運動の実現をまずは目指す。ごみを集積して分別廃棄処分とリサイクルができる技術の高い設備と場所を確保する。三次元的には、地球外生命体に迷惑を掛けずに宇宙にごみを廃棄するか、地球のマントルの中に融解処分するのはどうだろう。四次元的には、ごみと共生できるポスト人類や自然界を再設計して改変することを目論む。滑稽とも思える止揚解こそが、常識にとらわれない突破力となる。

リーダーは止揚解を実現させる挑戦を率先垂範する存在であるべきだ。不可能を可能とする止揚解に繋がる研究や技術開発の挑戦を楽しむ。矛盾だらけの強大な問題に、人類が一致団結して協力するべきだと妄想的な構想を描き、自ら行動を起こして真剣に取り組みを始める起動者である。

突破力のある行動をリーダーが起こさない限り、将来に人類は火星に移住できないし、アンドロイドに市民権は与えられない。人新世を超えて人類の歴史を伝承するスーパー知性と出会うこともないだろう。

ファーストペンギン

ファーストペンギンは今や有名なペンギンである。最初にこのペンギンを使い始めた頃は、多くの人が初めて聞いた話だと感銘を受けてくれたものだ。知っている人には申し訳ないが、知らない人のために説明を試みたい。

ファーストペンギンとは南極の氷や岩に群れで生活をするペンギン集団の中で、最初に海に飛び込む一羽を指す。ペンギンは陸上で子育てする。海には天敵が棲んでいるからだ。しかし餌となる魚の捕食のために海に飛び込まなければならない。そう思うだけで恐怖に駆られ、陸上でいつまでももじもじする（これはジョーク）。

天敵が海の中にいることを本能的に知っているペンギンは、なかなか飛び込もうとはしない。集団で飛び込めばリスクは減るが、言葉がないから掛け声をかけられない。そこで最初に飛び込む一羽のペンギンの行動の意義がある。ファーストペンギンの行動が合図となり、集団で一斉に海に飛び込む群れの習性があるのだ。

このファーストペンギンを擬人化してとらえれば、人間界のリーダーシップの物語となる。ファーストペンギンの勇猛果敢なチャレンジ精神と行動。それに続く組織的な集団行動。そんなリーダーシップの意義を示す好ましい物語となるのである。

しかし実態としては、ファーストペンギンの行動そのものは孤高の決断と自分勝手の実行だ。傍目から見ればリスクを恐れぬ勇気ある行動ではあるが。

ファーストペンギンをリーダーたらしめるのは、勇気ある行動に突き動かされて続くフォロワーたちがいるからだ。ペンギンたちが後に続かない限り、ファーストペンギンは海に飛び込んでシャチの餌になる、単なる無謀で馬鹿なやつで終わる。リーダーはフォロワーの出現によってこそ顕われるのだ。動物界では誰も人事権を持っていない。サル山のボスよりも、ファーストペンギンでありたいものだ。

ファーストペンギンが表象するのは、澱み膠着した状態にある集団と組織に、結果として利益のある変化をもたらすインパクトとなる現状打破の実践の大切さだ。成果を得て初めてファーストペンギンはリーダーの称号が与えられる。その勇気と行動の突破力が、後になって評価される。

人間社会も、誰もが気付いているどうしようもない現状へ一撃を加える、生き残りを賭けたファーストペンギンの出現をひそかに待ち望んでいる。鬱々とした問題に先頭を切った踏み込み、誰もが潜在的に望んでいる初挑戦の危険な取り組みを実行するには、リーダーの起動なくしてきっかけを掴めない。

ペンギンと違って人間社会が厄介なのは、言葉と概念を持っているからかもしれない。小声で問題について集団内で囁き始める。囁いてしまうことで概念となり、概念の議論を重ねることで現状を肯定する方へ流れてしまう。そんなガス抜きの習性が、高等生物のバランス感覚と現状維持の罠なのだ。

そしてそのまま日常は続く。慣性の法則の如く、特に問題がない限り変えたくないのが人間の本性である。人間は集団となると、現状を維持する保守的な考え方が支配的となる。「空気」を読んで流れに身を任せる動物なのだ。

大きな会社組織であればあるほど、現状を肯定する空気感と無言の圧力は強い。組織で新しい挑戦をすることを奨励する大きな会社は多いが、声は大きくてもその実、何も起こらない。革新的な挑戦は、集団ではなく突破力のある個人から始まる。

ところで未だに戦時の軍隊型ピラミッド組織体制を維持する会社が多いのは何故だろう。ピラミッド型組織を否定するつもりはないが、この組織が柔軟かつ有機的に機能するのは、全体のピラミッドを構成する細分化された小さなピラミッドの上にいる人材がファーストペンギンである場合のみだ。

戦場の分隊のリーダーは常にプレイングマネジャーである。前線突破の突撃に際し、真っ先に走り出す隊長なしに、分隊が勇猛果敢に全力で戦うことはない。

しかし全体のピラミッドのトップが、分隊のリーダーのように無謀に走り出してしまうことは組織最大のリスクとなる。全体のトップが暴走狂暴化してしまえば、ピラミッド型組織であるが故に、全体が判断能力を失う。これは真の突破力ではない、無謀の実現だ。トップの狂暴化によって、細分化された小さなピラミッドのリーダーポジションには、次々とイエスマンが配置される。現場のファーストペンギンが追放されてしまう。イエスマンは盲目的追従者でその地位に汲々とし、組織丸ごと無責任化する。

クラウス・フォン・シュタウフェンベルクは、日本人には馴染みがないが、ドイツの英雄である。ヒトラーが暴走狂暴化する第二次世界大戦末期、ヒトラー暗殺計画を実行したドイツ陸軍国内予備軍参謀長だ。

２００８年に公開された米独合作映画『ワルキューレ』は、１９４４年７月20日のヒトラー総統暗殺作戦とワルキューレ作戦によるクーデター未遂事件を描いた作品である。彼は翌21日に銃殺刑となり、36年の短い人生を閉じた。

シュタウフェンベルクは伯爵位を持つ貴族出身の軍人で、開戦当時はヒトラーを高く評価し尊敬していた。曰く「ヒトラーの近くにいると創造的思考を促される。ヒトラーは物事の全体像から見る能力に長け、ドイツの未来のために奮闘している」と。

おそらく開戦当時のヒトラーは狂気に満ちながらも、善悪は別として、フォロワーを強烈に魅了するリーダーとしての先見性とカリスマ性をまとっていたに違いない。ポピュリズムが蔓延する現代の大衆ならば、同様に洗脳されることだろう。シュタウフェンベルクは大衆の如くにすべて迎合したわけではなく、そもそもナチス党のユダヤ迫害には反感を禁じ得なかったようだ。主体的、自律的に判断と行動を起こせる人格を持つ人間だった。

１９４４年当時ドイツが敗色濃厚を強めていたとはいえ、むしろヒトラーへの賛美と忠誠心が強まる中、総統暗殺によるクーデターを実行することは相当の勇気と信念が必要だったに違いない。実は暗殺計画は何度も計画前に中止を余儀なくされ、バレなかったものの失敗を重ねていた。しかし、遂にシュタウフェンベルクは自ら実行者になることを決断する。ファーストペンギンの如くだ。

歴史に「もし」はないが、暗殺実行の会議室が地上ではなくいつもの地下室であったならば、実際には一個しか爆弾を起動させられなかったが、用意していた二個の爆弾を持ちこむことに成功していれば、暗殺は成功し、歴史は大きく変わっていただろう。シュタウフェンベルクに続く多くのフォロワーたちが、雨後の筍の如く行動を起こしたに違いない。

最初の一人になる勇気。リスクという天敵が待ち受ける、未来という海へ飛び込む勇気。突破力なくして、結果としてのリーダーが現れることはないのだ。

ザ・ラストマン

リーダーの行動実現の力は、突破力を発揮できるリーダーのアンガージュマンの終え方にも顕われる。終わらせる、再生への切り替えなど、〆《しめ》ができるリーダーの存在は不可欠だ。最後を覚悟して仕上げるザ・ラストマンは、正しき権力行使によって責務を果たす。〆《しめ》とは鮮やかな区切りだ。不退転の心構えで、力強く仕切らねばならない。突破力で行動実現の力を証明したリーダーは、正しき権力をもって最後まで一人でやり遂げる。自らの意志と手で、有終の美を飾るのだ。

アンガージュマン

不退転の心構えを持つリーダーは、自らアンガージュマンで決断し着手したことを、中途で投げ出すことはない。命のある限り最後までやり抜く、という覚悟である。

プロローグでフランス語の「アンガージュマン」という実存主義の根幹をなす思想に触れた。積極的に身を投じて主体的に関わる姿勢が、アンガージュマンだ。最後までやり抜く、戦い抜くという姿勢の根源には、人間の意志としてのアンガージュマンがある。

内外の環境が厳しく不利だからといって、リーダーの志と信念が崩れてはならない。

逃げるは論外、逃げずに留まるが何もしないのも、リーダーとしては失格だ。留まっても、他責で非難ばかりに終始するリーダーの地位にある者は、憎むべき存在である。絶望的に不利な環境下でも、自らの志と信念をかため、敢えて火中の栗を拾うリーダーを人々は待ち望む。リーダーシップの機会が現れる時、アンガージュマンが実践される時だ。

突破力と活力に溢れた経営者であり指導者であったジャック・ウェルチのリーダー論に、4Ｅｓ（フォーリーズと発音）がある。

Energy（エナジー）：リーダー自身が健康であり、活力があり、エネルギーの供給者となれること。
Energize（エナジャイズ）：周囲の人間を鼓舞すること。エネルギーの供給者として皆を元気にする。
Edge（エッジ）：強さやタフさがあること。リーダーの戦略の意思決定には欠かせない。
Execute（エグゼキュート）：決断したことを実行する。最後までとことんやり抜くこと。

以上の4つだ。

特に最後のExecuteは、ジャック・ウェルチの4Ｅｓと呼ばれるようになる前に、最後に加えられたものだ。ビジネスリーダーとしての戦略的で大胆な意思決定を鼓舞するあまり、意思決定後の最後の最後までやり抜くリーダーの使命と責任について、皆が軽視する傾向を感じていたに違いない。選択と集中を断行し推進してきたウェルチ自身が、周りの人間に助けられてこそ成し遂げられた経験があったことを、備忘録としてリマインドする意味もあったかもしれない。

華麗な意思決定で、成功後に美化されるリーダーシップには、最も肝心な、公にされない、ドロドロとした現場の修羅場の軋轢やバトルがあったことが多い。何が何でもやり遂げるならば、きれい事だけで済むはずはない。Execute（エグゼキュート）は多くの人を巻き込んで、血と汗と涙の中で断行されるのだ。リーダーがアンガージュマンを実践し、その先頭に立って、結果が出る最後まで貫き、全うしなければならない。

アンガージュマンは不退転の覚悟であり、最後を〆《しめ》ることでリーダーシップを完成させる。過程の説明責任だけではなく結果責任に重きを置く。

結果を急ぐあまり、アンガージュマンが時として負の面に作用する場合もあることに触れておかねばなるまい。最後までやり抜く、戦い抜くというリーダーの決意が、組織やコミュニティを巻き込んで、プラスだけでなくマイナスにも働く可能性がある。

先に紹介した独裁者ヒトラーの如く暴走狂暴化したピラミッド型リーダーのアンガージュマンは恐怖のシナリオとなる。

あまり考えたくはないが、310万人もの日本人戦死者を出した太平洋戦争を例にすれば、当時の軍部リーダーの地位にあった者たちが、もし本土決戦を不退転の覚悟で決意していたとしたらどうだろう。多数の日本国民が天皇陛下万歳と叫んで玉砕し、焦土となるまで戦い抜くことになったかもしれない。

日本SF界の大家、小松左京の『地には平和を』という興味深い作品がある。もし太平洋戦争で日本がポツダム宣言を拒否して本土決戦に突入していたらという仮定のSF短編小説だ。

昭和20年8月14日のポツダム宣言受諾による終戦を決意した御前会議でクーデターが発生。政権を奪取した軍部リーダーたちが本土決戦を断行するのだ。このもうひとつの歴史に生きた15歳の少年兵、本土防衛学徒動員特別隊の黒桜隊の一員が主人公である。

実はこの歴史は5000年後の未来から来た時間犯罪者の仕業であった。時間警察が元の歴史に戻すことに成功するが、主人公は本来の歴史の平和平穏に腐臭を感じざるを得なかった。小松左京の代表作『日本沈没』を思わせる日本壊滅のシナリオである。壮大な仮説を突きつけられ、少年時代の読者であった私はざわざわさせられたものだ。

リーダーの最後までやり抜くアンガージュマンの決断は尊いと思う。

だからと言って、それが常に正しいとは言えない。不条理な決断もあるだろう。その時、その場所、その背景で、リーダーの決断が正しいかどうか、不条理かどうか、客観的には判断できまい。おそらくは複数の意見があり、複数の代替案はあるだろう。

いかなる状況の、いかなる決断であっても、それは変わらない。常にすべてが相対的である。従って、敢えて言えば相対的な比較の中で、より正しいモノコトを選択する不退転の決断をすることが、リーダーには常に求められている。いざ決断した限りは、最後までやり抜くことによって、必ずや次の時代に繋がるより良き結果を産むことになると信じるからだ。その希望をしっかりと持ち、その希望を配るのがリーダーの役割だ。

『地には平和を』で時間犯罪者の動機が語られる。本来の歴史の「日本はあの敗戦の中で何もつかまなかった。中途半端な妥協より徹底的な犠牲から何かをつかむべきではなかったか」と。

徹底的な犠牲とは日本壊滅そのものだが、敢えて小松左京はその挑戦的な仮説で、ポツダム宣言受諾後の敗戦国日本の危機感喪失を猛烈に批判したかったのだ。危機感喪失は、戦後の未来をつくる次のリーダーが出現していないという焦燥感から出たものに違いない。日本壊滅のテーマは、小松左京のアンガージュマンの表出だ。

作品が発表されたのが１９６１年。半世紀を過ぎた今、日本国家のリーダーシップはますます摩滅しているように感じるのは、私だけであろうか。

相対的に如何ほど正しいかどうかは別として、あらゆる想定外の状況変化とあらゆる組織やコミュニティの危機にあって、最後の最後まで戦い抜くというリーダーの不退転の意思決定、決断は、アンガージュマンの目指すところである。

リーダーたる者は、ザ・ラストマンとしての覚悟が絶対に必要だ。リーダーは、背負った使命と課題解決が達成されない限り、絶対退くことはできないのだ。

三大精神とＧＲＩＴ

日本電産の三大精神は「情熱・熱意・執念」「知的ハードワーキング」「すぐやる、必ずやる、できるまでやる」である。三大方針と言わず、精神というところが粘着質で良い。リーダー自らが実行実践していなければ、こんな精神をぶち上げはしない。

日本電産の永守重信はこの三大精神を体現しているビジネスリーダーだ。永守はまさにザ・ラストマンとしてのあり方を模索しているところだ。

地球規模で成長することに没頭し、大ぼらを吹き続けて1兆円どころか2兆円の連結売上目標達成も視野に入ってきた。トロイカ体制の経営から権限を再奪取し、マネジメントを再編し、本人の去就が注目される。本書を読まれているタイミングで、その後の決断と結果を検証されると面白いだろう。

２０１９年のインタビューで永守は、企業家人生の〆《しめ》として、その集大成としての京都先端科学大学の構想を情熱・熱意・執念をもって語っている。日本電産は小型モーターでは世界一であるが、さらに前途有望な未来を支える人材をつくらねばならないと焦る姿は松下幸之助を彷彿とさせる。目標は２０５０年の世界に向けた人材開発だ。

> 人口は１００億人になる。そのときにロボットは５００億台稼働している。工場は全自動になる。ものを運ぶのは全部ドローン。そのとき、どれくらいのモーターが必要になるかと計算したら、天文学的数字になった。では、誰がモーターを設計して、誰が教育するんだと。それを思ったら、これは早くやらないと駄目だと悟った。

永守財団で永守賞という世界のモーター研究者を顕彰し、研究資金を助成。京都大学にモーター研究の寄付講座も開設した。それでも技術者はまったく足りていないとの危機感が強い。すぐやる、必ずやる、できるまでやる、断固たる決意だ。30年後にその成果はどのように花開いているのか、共に見守っていきたいものである。

前から私は、この三大精神をひとつの会社の社是に閉じ込めるべきではないと思っている。すべてのビジネスリーダーにはこれをとり込んでもらいたい。まずは自分の行動で体現し、次に会社組織の全構成員に向けて、自分なりの言葉や表現に言い換えて、発信してもらいたい。

蛇足になるが、永守の大学構想の背景にある現代日本の教育制度に対する痛烈な批判精神は、ザ・ラストマンの放言として無視せず、未来世代に熱意と共に継承してもらいたい。

今、東大に入ろうと思ったら、貧乏人は入れません。金持ちしか入れない。なぜかというと、予備校や家庭教師が受験のテクニックを教えるから。そして、自分がやりたいことよりも、大学名のブランドを取る。『農学部なら京大に入れる』と言われたら、本当は工学部に入りたくても、しょうがないと妥協する。人生100年の時代。前途ある若者に対して、18歳の段階で偏差値やブランドで君はこっちと進路を割り振るなんて、どんなつもりなのか。

一流大学の真ん中以下の学生よりも京都先端科学大学の1番、2番の方がはるかに逸材だとして「玉露のかすなんて飲めませんよ。番茶の上等の方がずっとおいしい。（中略）大学受験の結果なんて、ビジネスの世界では関係ないわけです」。

余りにも痛快な物言いと独特のロジックは、三大精神の高揚感と現実の断行成果を背景としているため、強烈な説得力を持つ。

三大精神は辺境地の日本人だけの偏ったものではない。小さなベストセラーとなった『ＧＲＩＴ　平凡でも一流になれる「やり抜く力」』（リンダ・キャプラン・セイラー他著）は永守がメンタリングしたのかと思える内容で、人種を越えてその精神が共有、共感されていることが分かる。

ＧＲＩＴ（グリット）とは、Guts、Resilience、Initiative、Tenacityの頭文字からなる。困難なことに挑み逆境にめげない度胸（Guts）。挫折から立ち直る復元力（Resilience）。率先して事に当たる自発性（Initiative）。最後に、何があっても目的に向かってやり抜く執念（Tenacity）だ。誰にも負けない努力、根性、忍耐、情熱こそが一流の職業人やリーダーになる唯一無二の源泉と叫んでいる実学の書である。

リンダ曰く「成功を収める人々の大半に共通する事実は、天賦の才やIQという"It Factor"（イット・ファクター＝生来備わった因子）ではなく"Grit Factor"（グリット・ファクター＝グリット因子）を持っていること」なのだと。いわゆる生まれながらにしての天才でなくとも、後天的にGRITを繰り返す意志と行動によってグリット因子を沁み込ませ、必死に努力すれば、誰にでも公平に成功する道が拓けているということだ。

天才と評価される涼しい顔をしている人も、実は親でさえ気付かぬところで想像を絶する地道な努力を積み重ねている。トーマス・エジソンも二宮尊徳もGRITによる偉人なのだ。情熱的で狂おしいパラノイアの如き執念をもって考え抜き、最後まで、できるまでやり抜くのがリーダーだ。そのリーダーを信じてついていくすべてのフォロワーにも、三大精神とGRITが宿る。全員が成功の喜びを共有し、全員が天才となるのだ。

しんがり

殿《しんがり》、つまりザ・ラストマンである。

しんがりで名を挙げた戦国武将は多い。出世物語では木下藤吉郎、後の豊臣秀吉がいる。元亀元年、越前の朝倉義景攻めで織田信長が近江の浅井長政の突然の離反によって挟み撃ちに遭った際に、藤吉郎がしんがりを引き受けて信長を助けた。金ヶ崎の戦いである。一説には明智光秀もしんがりを務めたとされる。

現場のリーダーとして部隊をまとめ上げ鼓舞できなければ、しんがりは率いる武将と共に全滅する。将来のリーダーの片鱗を証明できる絶好の機会なのだ。

モノコトにはすべて、始まりと終わりがある。始まりの時から、終わりに備えておくべきだ。

終わりよければすべて良しとの故事があるが、ビジネスの世界にあっても「立つ鳥跡を濁さず」である。いかに滞りなく速やかに撤退するか。会社の清算、お店の閉店など、経済的な問題のみならず、やむを得ない問題を抱えながら、美しくビジネスを終わらせるのは簡単ではない。しかしリーダーシップの機会はそのような時にこそ得られるのだ。

大手の会社であれば、複数の事業や商品の取捨選択、ポートフォリオ再構築のための選択と集中を実行しなければならない。「選択と集中」ならぬ、「撤退と切り捨て」と呼んだ方がいいだろう。

社内のみならず取引先や地域の関わる人間の数が多ければ多いほど、一筋縄ではいかない。ドロドロした情緒的な軋轢も噴出するだろう。根気強く、最後の一人まで納得してもらえるように、最善を尽くすのがリーダーの役割だ。為し終えることができたとき、賞賛はされないかもしれないが、評価されるに値するビジネスリーダーとして、一目置かれることだろう。

一方、予測できぬ突然の連鎖倒産、自然災害などの環境の劇的変化などによる有事の場合は、この比ではない。内外環境が濁っている中でリーダーは試される。リーダーは逃げるわけにはいかない。沈没していく船で最後まで残るのは船長である。

有事の不測事態で最後まで追い詰められた時、リーダーはしんがりを務める。その役目を果たすことでリーダーとなれる。有事にこそ、使命と義務と責任を果たすリーダーシップの絶好の機会がある。

河村隆の『ザ・ラストマン』は、しんがりをイメージして書き下ろしたのだろう。書籍のタイトルだけで、秘めたリーダーシップの心を刺激された人が多かったのではないか。

２００９年３月に日立製作所の庄山悦彦会長から一本の電話がかかる。既に本筋の出世街道からは外れていた69歳の、日立製作所子会社の日立マクセル会長であった河村隆への電話だった。３月期の連結決算で１５０億円の黒字予想から

７０００億円の最終赤字になると発表されたのが1月末のことである。市場からは若返りが当然と期待された中で日立製作所本体トップへの出戻り就任は、河村本人のみならず内外ともに青天の霹靂であった。

この歓迎されない決断をした河村の実話は、期せずして社長やトップになった人、危機において組織の重責を担うことになったビジネスリーダーには、大いなる励みになったに違いない。

引き受ける決断をしたならば、ひるんでいる余裕はない。孤独を友として「慎重なる楽観主義者」となり、社長は単なる専門職だと割り切れ、と河村はいう。自分にはカリスマ性はないのだから、淡々と専門職、つまりプロフェッショナルとして社会に貢献し、業績を上げるためにやるべきことを最後までやり抜けばよい、と語る。

株価２００円台のボロ株の時代からなら何とかなる。無心に会社を立ち直らせるために、専門職としての権限行使ができる、慎重かつ楽観的なリーダーになる。スピード感をもって決められるリーダーになればよい。会社のために一心不乱に健全な権力行使をするだけだ。平時は大胆な権限委譲。有事は正しき権力行使。これを覚えておくとよい。

大いなる信頼のもとで権限移譲を断行し、自律型の人材を育成しつつ任せるのは望ましい。しかし外部環境の混乱期や業界と会社が有事の際には、権限を取り上げ、自分に集中して権限行使ができる、権力掌握と権力行使をすることがリーダーには必要だ。時として独裁者として恐れられるかもしれない。独裁者が行使する独裁権力は、全体主義を彷彿させるために嫌われる単語だが、正しきリーダーの権力行使としての独裁は、むしろ望まれる。

古代ギリシャの賢人政治はそれを理想としている。悪しき「すり合わせ」や内向的「強み」にすがる経営、丸投げの権限移譲（これを権限異常と呼ぶ）は、リーダーがしんがりを務めるつもりがないという逃げであり、責務の放棄だ。

リーダーのパワーは、構想力に独裁力が掛け合わさると最強の権力となる。平時にやみ雲に行使する必要もないが、有事にはこのパワーを使わない手はない。

ただしこの権限行使の前提は、西郷隆盛の思想を継承する稲盛和夫の訓言にある「動機善なりや、私心なかりしか」

である。「命もいらぬ、名もいらぬ、始末に困る人」がザ・ラストマンであり、真の勇気を持つことができる。いかなるコミュニティにも、会社や組織にも、ファーストペンギンが必須であると同様、そのコミュニティに大きな危険が迫っている時は、真のしんがりとなるリーダーが必須である。

西部邁の自裁死

リーダーは逃げてはいけない。中途で倒れてもいけない。而していつまでも地位にすがりつくのは卑しく滑稽だ。リーダーがまだパワフルな状態で身を引くことが美しい。それでこそ惜しまれる。惜しむ気持ちが組織やチームの人々の間で強く共感されると、自分たちがその志を継ごうという、集団内から湧き上がる決意がみなぎるのだ。つまり、有終の美をもって去らねばならない。

個人的に敬愛していた思想家のリーダーの一人に西部邁がいる。否、いた。過去形だ。あまりにも突飛な最期であったために、未だに混乱している。多摩川に入水して西部曰く「自裁死」を決行したのだ。すべては綿密に周到に計画された自殺であった。死体の状況と幇助した二人の信奉者の証言で、その清き決断はよく分かった。ここではそのことには触れないが、混乱だけが残った。

思想家として、人間には死ぬ権利あるべしとの正論を、メディアを駆使して、人脈を駆使して、言論という西部が最も得意としている武器をもって、最後まで主張し闘って欲しかった。関係者でもないのに不遜な言い方になるが、その闘いから逃げて欲しくなかった。おそらくは西部邁を信奉する多くのフォロワーを混乱させたのではないだろうか。あまりにも惜しい知の大家の喪失である。

会社などの組織の長としてのリーダーでなくても、独立した思想家として多くのフォロワーとコミュニティに対して使命と責任を果たすべき立場であった西部は、一人のリーダーであった。

自覚がなかったとは思えないが、リーダーは常に孤独なものだ。孤独だから自分一人の中に悲観的な想念を閉じ込めがちとなる。悲観が悲壮感に膨れると、強いはずの人格がまるでガラス細工のようにもろくなるのだ。悲壮感を吹き飛ばすのは、楽観を根拠なく信じる悟りでしかない。その悟りがまた、楽観に根拠を与える。

ザ・ラストマンをこの節のタイトルとした意味は、リーダーがどんな最悪の状況においても楽観主義という意志を忘れずにいてほしいからだ。

リーダーがいかに追い詰められた状況にあっても、最後まで夜が明けない夜はないと希望を捨てず、周りのメンバーに希望を配ることができなければ何事も完遂できない。リーダー一人で有終の美は飾れない。周りを巻き込んで、希望と共に、終わり良ければすべて良しとするのだ。

万が一リーダーが閉じ籠った悲観的世界観の中で豹変し、信頼すべき仲間やフォロワーの諫言や意見を聞き入れなくなった場合、その組織やコミュニティは悲劇的に崩壊する。悲観主義に陥ったリーダーは自暴自棄となり、危険を顧みず無謀になる。西部邁の自裁死は職業人生の自らのリーダーシップの自暴自棄による無謀な死ともいえる。

ビジネスで会社のリーダーが自暴自棄となった場合、個人に閉じた自裁死では終わらず、組織とコミュニティ全員を巻き込んでの無謀な自裁死となる。判断力を失っている状態でのリーダーの悲観主義は、大きな危険をコミュニティに引き寄せてしまう。太平洋戦争の本土決戦断行のようなものだ。

リーダーが最後を楽観主義で〆《しめ》られない場合は厄介である。リーダーとして成し遂げた功績をもとに既に権力者となって君臨が常態化している場合は尚更に厄介だ。良い意味でも好ましくない意味でもリーダーは組織の権力者だ。組織体は権力者のあり方で、良い方向にも好ましくない方向にも導かれる。

スタンフォード大学の組織行動学者のジェフリー・フェファーが、権力者がその座から転落する原因を挙げている。反面的に読めば、悲観主義に陥った厄介な権力者に豹変したリーダーを失脚させるためには、これらの原因や状況をつくり出し、速やかに対処せねばなるまい。ザ・ラストマンになりきれない、やり遂げられない自覚のあるリーダーは、自戒を込めて権力者の末路の悲哀を理解することだ。

フェファーが挙げる共通の三要素とは、①自信過剰になり油断すること、②自制心を失うこと、③燃え尽きることである。

現実だけではなく小説やドラマや映画に描かれる世界でも、最初は素晴らしく偉大なリーダーが悪しき権力者に変容し転落するとき、この三要素がシナリオに組み込まれている。周りを固めるメンバーは少しでも早く察知して、団結して悪しき権力者をくじくのだ。

例えば自信過剰になり油断しはじめた権力者は、説明責任が果たせない無駄遣いや無謀な投資をする。これに対してはガバナンスの論理と仕組みで糾弾する。自制心を失うと、常軌を逸した意思決定や言動が目立つようになるだろう。これにはしっかりと証拠を残しステークホルダーに知らしめることで裁きを受けさせる。

そして燃え尽きた権力者は自暴自棄に繋がりやすい。周囲の者は最も警戒しなければなるまい。事業ごと突然身売りを決断し、重要な意思決定をなおざりにする事態に陥る。これに対しては株主や債権者、社内の同志を募って未然に阻止するか、ＭＢＯやＥＢＯなどを活用して権力者を追い出すのだ。

日立製作所会長職を辞することになった河村隆が慰留を断ったのは、腐敗する権力を予感したからだ。引き際こそがザ・ラストマンのラストの仕事の機会。権力者が組織に残れば、無形の権限が組織を混乱させる。アンガージュマンの終え方を主導したリーダーは、自らの終え方にアンガージュマンせよ、という模範だ。

有終の美を飾る。逃げれば晩節を汚す。倒れても混沌を招く。しつこく留まるのは最も恥ずべきだ。有終の美を飾ることができるのは、リーダーの高貴な楽観主義の意志である。

小さな勇気

リーダーの行動実現の力は、長い道のりの過程におけるリーダーの勇気の継続性、発揮の仕方、組織への定着のさせ方に地味に表れる。リーダーの初速の突破力や、有終の美におけるザ・ラストマンの結果責任能力とは、有事の力だ。最初と最後に視点を置けば、リーダーには人並外れた勇気が終始求められるように思われる。しかしその過程にあっては、むしろ少し臆病であるぐらいが良い。平時においては優れて蛮勇でもなく、極めつけの臆病でもない、中庸の勇気が必要だ。リーダーの長い道のりにあって変わらず小出しにできる小さな勇気が、組織の堅実な進化と継続的な挑戦、それを可能にする粘り腰をつくるのである。人ではなく組織とコミュニティにそのようなカリスマ性を刷り込むのが、リーダーの役割でもある。

一歩ずつ

「多くの仕事をする人は今すぐひとつの仕事をしなさい」とは、金融財閥のレジェンドであるマイヤー・アムシェル・ロスチャイルドの口癖だった。金融業という信用の二文字で成り立つ産業の草創期に活躍したロスチャイルドは、産業を創造するビジネスリーダーとして、ひとつずつ丁寧に目の前の仕事に向かい、正確に、そして迅速に対応処理していくことの重要性を、行動の積み重ねの中でよく理解していた。

余談だが日本の金融機関のオペレーション業務は「正確」「迅速」「丁寧」の三点セットが基本中の基本となった。ロボティクスやＡＩに代替し得る業務であるが、求められる基本は変わらない。

リーダーの先見先覚や人心収攬の力を求めるときに、夢や理想、共感し得る大きなビジョンを語ることが必須であることは、述べてきた通りである。時にその大きな語り口が、行動の大雑把さを引き出してしまいがちだ。大きな理想のためには、とりあえず大きな一歩を踏み出せばいい、という大いなる誤解が生じることがある。最初の一歩は初動であるために勢いとパワーは必要であることは突破力で述べた通りだが、それに続く一歩が大雑把であってはならない。確かなベクトルと高さを持った初動に続く堅実な一歩であるべきだ。

突破力の一歩の後に続く一歩、その次の一歩、さらに続く一歩と地道で堅実な一歩の積み重ねが必要である。「万里の道も一歩から」と故事にあるのは、その積み重ねが「塵も積もれば山となる」という故事につながることを意味している。最初の一歩に始まり、永遠に続く堅実なる一歩の無限とも思える積み重ねこそが、やがて大きな夢や理想、ビジョンに到達するのだ。

「平凡を非凡に努めることが凡事徹底である」と、イエローハット創業者の鍵山秀三郎は著作で述べている。当たり前のことを極めて、他者の追随を許さないところまで誰よりも一所懸命にやりなさいということだ。

目標を目指す過程においては、変わらずぶれずに、努力を人一倍積み重ねることが何にもまして大事だと強調している。目標に早く到達したいという人間誰しも禁じ得ない達成欲求が、ついその過程において雑な行動や行き過ぎた行動を引き起こしやすい。

大きなビジョンを掲げたビジネスリーダーは、その焦りを持つことがないよう道を歩み始めてからは、皆で歩む着実に積みあがる一歩ずつを、自ら慎重にリードすることがとても大切な仕事となる。

とてつもなく大きな御旗を揚げながら、その足取りは一歩ずつ着実であることが必要なのだ。大きな御旗に振り回されて足取りが大雑把にならないように、冷静沈着な歩みとなるように、細心の注意をしなければならない。ほんの少し臆病であることがコツとなる。

ファーストペンギンは蛮勇ではなく冷徹な大義に基づく現状突破であり、その背景は有事である。有事に始まる初動の突破の後に続く行動は、平時の冷静で堅実な、少し臆病で長続きのするものが良い。繰り返しになるが、大きな御旗のもとに集まってきた組織やコミュニティの全員が、はやる心を秘めながらも無理せず小さな勇気と小さな努力によって慎重に進むことができるように、その歩みを調律するのがリーダーの役割だ。

世界最大の時価総額となったアップル社の成功は、ファーストペンギンであったジョブズ亡き後、その大きなビジョンを引き継いだティム・クックの凡事徹底のリーダーシップの賜物だ。

ジョブズが亡くなった2011年当時の株価は一株50ドルであったが、2020年8月に500ドルをつけ2兆ドルの時価総額となって、歴代記録を大きく更新した。直近に上場した、国家の威信をかけて史上最大の上場とはやされたサウジアラムコをあっさり抜いたのである。そして2022年の1月には3兆ドルをも突破して世界を震感させた。ティム・クックの人となりについてはあまり世の中で話題となることはない。オペレーション部門の責任者としてアップルの縁の下の力持ちであった。現場人材と共に誠実に一歩ずつ歩んできた、いぶし銀のリーダーだ。誰よりも早く出社し、誰よりも熱心に働き、誰よりも会社を愛している、非凡に凡事徹底する組織人のリーダーの鑑《かがみ》のような人だ。

CEOになってから同性愛者であることをカミングアウトしたのも、ダイバーシティと平等を重んじる未来社会の正義を信じる人だからだろう。突破力にみなぎるリーダーだったジョブズを超えようとせず、アップルを誰よりも愛する「最高のティム・クック」であり続けることを使命とした。地道な10年間の勤勉と忍耐で一所懸命積み重ねたリーダーシップが、株価を15倍にする驚愕の成功につながったのである。

近代日本幕開けのバイブルとなったスマイルズの『自助論』に、「常識や集中力、勤勉、忍耐力のような平凡な資質」こそが、自らを助く基礎的能力だとある。非凡なる平凡である。

近代の幕開けは幕末から明治維新の激動にうごめく志士の突破力があったからだが、その後の体制構築を支えたのは、国家を想う多くの指導者たちや現場人材の地道な努力と忍耐の積み重ねによる。地道な努力と忍耐とは、スマイルズの意味する平凡な資質の発揮そのものである。

平凡な資質という表現は、むしろ現代の私たちにはとてもまぶしく刺激的だ。革新の鉄槌を入れたリーダーは、関わる組織とコミュニティの人間から平凡な資質を引き出さねばならない。平凡は表に出ず潜在化しているからだ。

組織やコミュニティの潜在発展性は構成員の個々の能力と行動に依拠する。個々の平凡な資質が引き出されない限り、組織とコミュニティは花開くことができない。

失敗を楽しむ

上善は水の如し。水は方円の器に従う。水のような組織のリーダーになるという老荘思想からのインスピレーションはどうだろうか。

アングロサクソン文化では、常に先頭を走って高見に登らなければ、リーダーのイメージに欠ける。老荘思想のようなオリエンタル文化では、低い方へ流れていく水にこそ、組織とリーダーに求められる偉大さを見る。

そして自然は再び凄まじい力量で、森羅万象に行き渡るような高いところに水を押し上げることで、すべてを循環させるのだ。

水なくして生きているものはこの大自然にひとつとしてない。水は様々なものに利沢、利益、恩沢を与えて、それを誇らしげに顕示することもない。低い方へ流れていった水は仲間を失いながらも次々に支流を抱えて大きくなり、ついには大海に合流して大自然で最も偉大なる存在となる。渋沢栄一の金融のあり方につながる思想も、ここから発想されたに違いない。ＳＤＧsを声高に誇示せず、慎ましく日常化する会社とリーダーこそが、尊敬される地球市民となる。

高みから大海を目指す方円の器に従う水は、自然に突きつけられた無数の課題を進むことになる。常に小さな挑戦の機会があって、常に小さな失敗を繰り返し、力まず自然に受けこなしていくイメージだ。時には行き止まりとなり、時には澱み、時には大海に至らず蒸発してしまう。多くの自然を受け入れた試練を越えて、遂には大海に至る仲間がいる。

突破力やザ・ラストマンに必要な有事の最大出力を、常にリーダーに求めているのではない。大いなる理想やビジョンに向かう道半ばの過程にあっては、こまめな試行錯誤、楽しみながらのマドルスルーを、無数に積み重ねていく。平常心の水の如く、あちらこちらで制止され、小突かれながらも、淡々と小さな結果を積み上げていくのだ。

小さいことを重ねることがとんでもない所まで行くただひとつの道だと、現役時代のイチロー選手はインタビューで自分に言い聞かせるように語っていた。

プロ野球界では大谷翔平は輝くスターでイチローは孤高のリーダーだ。自分は７割は失敗している、10割という完璧を目指して３割の打率となる。挑戦があっての７割の挫折だと。

ビジネスの世界にあっても、最終的に偉大なる成功をおさめるためには、目の前の課題、未来から問い掛けられている課題について、ひとつずつ確実に片づけていく以外に前に進む方法はない。前に進んでいたつもりがずり落ちることもしばしばである。ずり落ちることも楽しめなければ前を向けない。目が覚めるようなヒットを飛ばしても、次もその次も三振かもしれない。それでも次の打席、その次の打席に、ひとつずつ真摯に楽しんで向き合い、その時の最善の試みを積み重ねるしかないのだ。

前途有望なるリーダーを目指す若者たちに常に贈る言葉は、Freedom to fail である。

失敗する自由が謳歌できる、という幸せ。若い間に小さな失敗や挫折をできるだけ多くしておくことが、いかに大事か。すべての失敗は血となり肉となり、智恵に結実して、その後の人生に厚みと豊かさをもたらしてくれる。

失敗をしたければ、小さな勇気を持って常に挑戦し続けるしかない。常に挑戦をし続ける限り、失敗は約束されているのである。

「つま立つ者は立たず。跨ぐ者は行かず」だ。高いところに手を届かせようと無理に爪先立って頑張っても、長く立っていられるものではない。同じく大急ぎで大股で歩いて早く目的地に到達しようとしても、決して遠くまで歩き続けることはできない。

下手をすると大きなぬかるみにはまり、しばらく身動きがとれなくなる。大きな怪我をしてしばらく再始動ができなくなるかもしれない。平時の道のりにあっては大きな賭けをせずに、等身大の挑戦を積み上げるべきである。

また「敢えて寸を進めずして尺を退く」。長い道のりの過程にあっては時には大きく退き、全体を見渡して、大局となる次の初動へのエネルギーを蓄積することも大事となる。小さな失敗が続くときは敢えて進まず、大きく退いてみる。

常に焦って事業拡張を進めることで競争者や顧客から奪うことばかりを考えてはいまいか。成長の二文字の魔力は、ともすれば飽くなき欲望の呪縛となる。時には水のように、競争者や顧客から尺を退く、謙虚に退いて成功を譲る余裕も身につけたい。

挑戦を続けることはリーダーシップの本性だが、無謀な挑戦や破壊的な突進を続けることは、リーダー自身だけでなく、組織やコミュニティを疲弊させて自壊させることにつながる。大きな失敗をするリスクを冒すのではなく、小さな挑戦をし続けることで、小さな失敗を続けよう。

地球市民としてのリーダーの使命も忘れてはならない。会社の成長や利益に夢中になり過ぎて、人間本来の心や魂や情を忘れては本末転倒である。

上善の人間らしく健全で小さな挑戦を続けることが、長い道のりでリーダーシップを実現する、組織やコミュニティの人々の導き方だ。小さな失敗が重なっても、忍耐を楽観するのがリーダーだ。失敗があってはじめて眼は開かれるのである。個人もコミュニティも同じく、眼を開いて忍耐を楽しむのだ。忍耐とは希望を生み出す技術だからである。

組織のカリスマ性

リーダーと呼ばれる人にカリスマ性が必要だ、と主張する人もいる。結論から言えば、カリスマ性はリーダーである十分条件でしかない。もっと多様な必要条件がある。

カリスマ性とは何だろうか。語源からすれば予言者や英雄と評される超人的な特質や能力を具備する人間がカリスマであるが、非科学的なあり方を除外すると、結果として人知や常識を超える成果を、人々や組織を導くことで生み出すことに成功した人を指す。

著名な歴史的政治家では、ウィンストン・チャーチル、アドルフ・ヒトラー、ジョン・Ｆ・ケネディだろうか。ビジネスの世界にあっては、想像を超える成長や成功はカリスマ性のあるリーダーによって具現化されると、いくつかの事例で知られている。ビル・ゲイツやスティーブ・ジョブズなどはその典型だろう。晩節を汚したが初期のカルロス・ゴーンもその典型であった。

しかしメディアには出てこない、名もなき現場のカリスマ性のあるビジネスリーダーたちが、今も昔もたくさん存在している。現場の組織やコミュニティの隅々にカリスマ性が染み渡っていることこそが、成功の鍵だ。構成員全員が小さな勇気を実践できることが、組織の文化やスタイルとなることが極めて重要である。

名を馳せるカリスマリーダーは本当に必要なのだろうか。そもそもカリスマ性をリーダーたる個人に求めることが一般的なように思われているが、果たしてそうだろうか。

カリスマ性は結果として生み出されためざましい成果に対して、その組織のトップである記名的存在に対して与えられる称号、勲章のような結果論ではないだろうか。

リーダーが真に為し得たものは、リーダー個人の行動実現の力がきっかけとなって実現した、強靭で柔軟性のある競争力の源泉となる会社の人材たちやチームの文化やスタイルそのものである。

会社が求めるべきカリスマ性とはリーダーの存在そのものではなく、存在している間に成し遂げた行動実現の力の集大成としての、如何なる環境変化にも屈せずに勇気を持って常に挑戦し続ける組織やコミュニティの人材連鎖とダイナミズム、事業体の粘り腰の組織文化そのものだろう。

カルロス・ゴーンのカリスマ性の失敗は、前半では改革革新の競争力のある組織文化を形作ることに成功した一方、後半では悪しきカリスマ性が権力となり、個人崇拝、盲目的に彼に追随する組織慣習、意思決定の検証を放棄する脳死したマネジメントをつくってしまったことだ。

個人に集約された悪しきカリスマ性は組織文化を壊し、組織の自由な競争力と革新力を脆弱にしてしまう。構成員全員のこれまでの自信や勇気を奪ってしまうのである。組織が勝ち取った成功を個人のカリスマ性に集約して、世間的にも有名なカリスマリーダーとしてはならない。牽制できなくなる強大な悪しき権力を持たせてはいけないのだ。

日産自動車のこれからは、良き時代のカリスマ性の中で育った奇跡的再生への小さな勇気を共有した社員たちの、自由な挑戦と成長意欲が染み渡った組織文化、それを推進する清新なプロジェクトチームを、ゼロベースに立ち戻って再編成することから始めるべきだろう。悪しきカリスマ性の中で、その組織慣習の汚濁を知ったうえで彼に追随した人たちを直ちに組織から放逐する改革を断行すべきだ。

しかし失敗事例に怖気づく必要はない。カリスマ性は革新的な組織文化を創造し、根付かせるために必要であるから、運よくカリスマ性を潜在的に持つ個人リーダーを迎え入れた組織やコミュニティは、そのリーダーの個人的なパワーを活用すべきである。

そもそも想像を超える成果は、組織やコミュニティに潜在的にあるパワーや能力が源泉なのだ。エッジの立ったリーダーがそれを引き出すことに成功すると、リーダーにカリスマの称号が与えられるだけである。理をわきまえたリーダーはその称号に酔うことはない。では組織やコミュニティからカリスマ性を引き出し、創造できるエッジの立ったリーダーは、どういう振る舞いをするのだろうか。

彼・彼女は思いもよらない大胆な挑戦を宣言し、行きつくところまで行きつき、仮に大きく挫折してもその挑戦を称える。成功すれば自らの組織とコミュニティの構成員の力の賜物と褒め称える。心からの称え方ができるリーダーのもとで、組織やコミュニティのメンバー全員が小さな自信と勇気を持つようになる。

一方で重箱の隅を楊枝で丁寧にほじくるぐらいの極めて繊細な深掘りも怠らない。石橋の上を体全身で感じながらほふく前進する深謀遠慮も欠かさない。

これらを当然のこととしてやり通すのだ。その道のりが長くとも変わらない。こうしてすべてにおいて極まったリーダーの一挙手一投足が、組織とコミュニティ全体を巻き込んでじわじわと浸透する。醸成される組織文化は、このようにリーダーの言動の振り幅が大きいことで強さと深みが増し、自ずと振り幅の力学の中で確かな軸が定まっていく。

リーダーの大胆さと細心さの極端さが、組織を学習させることになる。人から人への感染症のように、またある時は型となってフラクタル図形が展開するように、組織やコミュニティが他とは違う、独自性のあるカリスマ性を帯びることになる。良い意味でのカルト集団が出来上がってゆくのである。

繰り返しとなるが、悪しき権力者となるカリスマリーダーを育成し、それに迎合してはならない。組織やコミュニティのカリスマ性を引き出し、育て、寛容に受け入れるカリスマ性を帯びたエッジの立ったリーダーを求めるのだ。

結果として称号を付与されるべきかどうかはどうでもいい。最重要事項は、組織やコミュニティの渋くて輝かしい成功への飽くなき挑戦であって、自立かつ自律的に学習することができる行動実現の力のある組織の誕生なのである。

第4章　リーダーの原理原則の力

温故知新

リーダーの原理原則の力の源となるのは、過去に学ぶことだ。自ら生涯学ぶからこそ、人の学びを導くリーダーになれる。温故知新の学びだ。学びとなる事象や物語は、現在と過去の時間に刻まれてある。学ぶ方法は、歴史に実在した人と書物（情報）と出会い、のめり込むことだ。時代を越えて多くの人々に感動と行動の勇気を与えた、名著や人物の物語から学ぶことができる。まずは手あたり次第、そしてお気に入りの人物や物語や思想や哲学を発見するとき、学びが自分の中に花を開き結実する。原理原則は自然科学から導かれるように、人や社会の中にも見い出せる。

中国三千年の歴史

過去の先人の知恵に学ぶことを巨人の肩の上に立つと言う。視野を遠くに広げるのは、巨人の肩の上に立つことで可能となる。すべての革新やイノベーションの実現は、巨人という過去の偉大なる先人たちが居たからである。もしゼロからイノベーションに取り組んだなら、その歩みは遅く、達成する高さも低い。次の挑戦者もゼロからのスタートでは、同じことを繰り返すことになる。

リーダーとはどういう存在で、リーダーは何を為すべきで、リーダーの考え方や振る舞いはどうあるべきか。リーダーに対する様々な疑問や課題は既に過去の先人、先達たちが心身と人生を賭して、実績として残してきたのである。その客観的事実も、その主観的な思いや考え方や思想や信条も、すべて人類の記録として残されている。巨人が大きな肩を差し出して、待ってくれているのだ。

偉人の伝記を子供の頃に読まされたのも、親にそのような大望があったに違いない。おそらくは親の世代も自分の親に、口承で様々な偉い人たちの物語を聞かされていたことだろう。学問を志せば、自らの気付きで目指すべき先生やロールモデルを見い出し、また多くの文献やアーカイブを通して、先達の偉業にただ頭を垂れることになる。

リーダーは、人類の英知として、温故知新の精神をもって、古きを温《たず》ねることから学び始めなければならない。生涯を通してのこの謙虚な学びこそが、リーダーの変わらぬ原理原則の力となる。

温故知新に資するリーダーに関わる故事は、世界中に生涯を通しても探求しきれないほどあるが、日本国家が草創期に学んだように、中国の歴史には親しむべきリーダーの物語が多くある。

リーダー群像の物語は『三国志』が代表的だ。昭和の高度成長期にビジネスリーダーを目指す人材たちにとっては素直にのめり込める､必ず通らなければならない歴史書だった。時代を超えて多くの人々の心を動かすのはなぜだろうか。

脚色された『三国志演義』に描かれたリーダーたちは、とにかく多様で個性的で、それぞれが魅力的だ。登場する人物は主要人物だけでも３００人を数える。読み手が各々お気に入りの魏・呉・蜀の三国の英雄、軍師や将軍に自らを投影し、ロールモデルを連想できるのが魅力なのだろう。

三国の中では最も強大な国家である魏の曹操は権謀術数に長けた英雄で、能力本位で部下を用い、時に冷酷に使い捨て、選りすぐりの人材を残した。蜀の劉備は政治力こそ弱かったが徳をもって部下に接した。能力に関係なく部下を平等に遇することで凸凹の部下をそれぞれの職責で頑張らせた。

中でもその劉備を献身的に支えた天才軍師の諸葛孔明が人気である。呉の孫権は情勢分析と外交戦略に長けていた。部下の登用では人材の短所には目をつむり長所を発揮させる用い方をした。孔明と並ぶ軍師であり将軍でもある周瑜は、孫権でなくては扱えなかったかもしれない。

さらに中国の歴史を遡り、秦の始皇帝亡き後の抗争に現れる項羽と劉邦という対極的な気質と人格を持つ二人のリーダー像から学ぶ示唆も深い。

司馬遼太郎の小説『項羽と劉邦』の描写は秀逸だ。

まずは司馬の描く項羽のリーダー像。

項羽にはその魂の巨大さを感じさせる面もある。が、その大きすぎる魂の容量の中には人よりも数倍もある子供っぽさも同居し、それが彼を勇敢にさせ、時には彼に並外れて清らかな感情を表出させた。しかし子供が持っている功利性と残酷さが出てくる時には、誰もが制御できなかった。

楚の国の名門家としての礼儀正しさと同時に、粗暴で残虐さを持ち合わせた人物。世の中を敵と味方の黒白でしか判断できない感情を持ち、味方をあくまでも愛し、論功行賞も愛憎をもって行っていたのである。

一方の劉邦は、気質も性格も対極的であった。劉邦は世の中は灰色で、時に黒になり時に白になると思っていた。付き従う配下から見ると愛すべき「木偶の坊」で「大きな袋」のような人物であった。劉邦はその時々に賢者を見つけては大きな袋に取り込んでしまうのだ。

献策者が複数の場合、良案を選んで採った。そういう選択の能力は、劉邦にあった。さらにそれ以上の劉邦の能力は、人がつい劉邦のために智恵を絞りたくなるような人格的雰囲気を持っていた。

劉邦は虚の大きな袋であることをもって複数の優れた賢者を用い、その能力で誰よりも優れて勝るリーダーになれたのである。

中国の歴史には、深く刻まれた知恵や書き換えがたい事実の集積がある。

唐の時代、世界の今でいうＧＤＰの約40％を占めていたのが中国だ。先の大戦以来の日中関係や習近平政権に対する国際的な厳しい評価はさておき、その歴史には心から敬意を払いたい。多くの人材や文化を日本にもたらした中国の悠久の歴史には、まだまだ学ぶことがたくさんある。特に時代をつくってきた人物群像には、西洋にはない、深い人間への洞察を促す生きざまがある。表意文字である漢字がつくり出した解釈の奥行きは、どの文化文明も敵わないのではないだろうか。

ここでは三国志と項羽と劉邦の例を挙げたが、リーダーには様々なタイプ、類型、在り様があっていいという教えを知ることができる。

コミュニティは時代や文化や環境などの様々な変数によって成り立ち、それぞれに望まれるリーダー像は異なる。しかも仮に同じコミュニティであっても、別の個性のあるリーダーでも務まるものだ。現代のＧＡＦＡＭのような巨大企業を見ているとつい目が曇ってしまうが、世界中のあらゆる会社や組織やコミュニティの数は大小で2億ぐらい存在する。それぞれのコミュニティに、それぞれ独自のリーダーの存在が求められているのだ。リーダーたちのあり方は人間社会の多様性の追求でもある。

多様な群像を訪ねる

古きをたずねる理由は、人はまだ見ぬ魅力的な誰かにめぐり逢いたいから、ではないだろうか。古き物語の中に、生き生きと今にも目の前で動きだしそうな魅力的な人物を見い出したいのだ。

人によって好みは様々だが、必ずしも今現在生きている人を目指すロールモデルとする必要はない。人の子である限りまずは目の前の両親がロールモデルと運命づけられてはいるが、身近な人にのみ目を向け過ぎると拡がりと多様性の機会を失う。自我に目覚め、独立してからは、外の広い世界でロールモデルと出逢うことになるだろう。

身近なロールモデルからは早めに卒業し、地球規模で憧れの人物、面白そうなリーダーの物語をより多く探索することをお勧めしたい。近現代はもちろん古代まで遡り、歴史的な人物やその生き様の物語に、ネットや書籍や伝聞を通して、ランダムに、できる限り多くめぐり逢っていただきたい。

番外編としては、邂逅の時空機会を未来と宇宙にまで拡げ、人間の想像力が産み出すストーリーの中で空想の人物をもたずねてもらいたいと願っている。

目の前の問題解決に奔走し、会社を第一義に思うビジネスリーダーの皆さんは、すぐにでも怠惰な多忙から抜け出し、リーダーとのめぐり逢いの旅に出よう。

まずはアナログ時代に活躍したビジネス界のリーダーたちの逸話をたずねよう。特に強烈な個性を放つリーダーたちは見逃せない。引退したばかりの結果を出し続けてきたリーダーたちの生の声も聴いておきたい。紋切り型だが、尊敬されているリーダーたち、生きながら神格化されつつあるリーダーたちは一般常識として知っておくべきである。けっして忘れてはならないのは、大きく失敗をしでかしたリーダー、リーダーと呼ぶべきではない困った人からも、しっかり学び取ることだ。

さあ、ビジネス界で功罪のあったあらゆるタイプの多様なリーダーたちに巡り逢ってみようではないか。

アナログ時代に活躍したビジネス界の伝説のリーダーを挙げるときりがないが、大学の講義でとり上げる米国のビジネスリーダー群像では、自動車産業ならばヘンリー・フォード、ラジオとテレビ業界の創設者ディビッド・サーノフ、ニュースを価値あるコンテンツにしたCNN創業者のテッド・ターナー、小売業をウォルマートで産業業態化したサム・ウォルトン、ファーストフードを世界の生活文脈にくみこんだマクドナルドのレイ・クロック、夢の国を動画と現実の世界で創り上げたウォルト・ディズニーなどだ。

フォードは自動車の大衆化で社会階層革命を起こし、貴族の馬車を公道から追い出した。頑固で偏屈ではあったが、「自分で薪を割れ、二重に温まる」と現場主義を貫いた。現場で汗を流す経営者像にはいつも心を打たれる。失敗とはより賢く再挑戦するための良い機会である。真面目な失敗はなんら恥ではない。失敗を恐れる心の中にこそ恥辱は住むと、挑戦を続ける意義を模範率先した、まさにレジェンドだ。そんなフォードもまたトーマス・エジソンを師と仰ぎ、ロールモデルとした。

数々の職歴を経てミキサーのセールスマンから52歳にして世界のマクドナルドを育てあげたレイ・クロックは、自分の挑戦し続けた体験を伝えている。粘り強く継続することの大事さ、粘り強さに代わる価値はないと断言する。才能があっても天才でも、粘り強さには敵わない。教育でもない。世界は教育を受けた落伍者で溢れている。粘り強い継続と信念こそが絶対的な力を持つと語った。諦め始めたシニアの世代に響く言葉だ。

自身のリーダー像と創造する世界観を繋いだウォルト・ディズニーは、夢をかなえる秘訣は4つのCに集約されるとして、Curiosity（好奇心）、Confidence（自信）、Courage（勇気）、そしてConstancy（継続）、を挙げている。

ほんの入り口だけだが、これら三人からの学びだけでも、すさまじい説得力がある。

かようにして、経営者列伝として多彩なエピソードが残っている傑物たちをできる限り探索し、それぞれ様々な切り口での事例研究をしつつ、目の前で繰り広げられる現代の怪物たちの動向にも目を向ける。

現代を生きるＧＡＦＡやマイクロソフトの創業者たちをはじめ、米国で大きく成功し、今も派手に挑戦を続けているイーロン・マスクやジャック・ドーシーなど、米国だけでも選り取り見取りだ。

ＤＸを取り込んだ第四次産業革命が進行する現代は、アナログ時代にはあまり見られなったタイプのビジネスリーダーたちが、雨後の筍のように頭角を現している。国内でも世界でも、フラットになった現代では直接対話ができるチャンスも増えた。意欲を持って行動を起こせば、直接学べる機会がつかめるかもしれない。

ビジネス界以外の政治的、科学的、社会的、文化的リーダーたちの存在も見逃せない。

COVID-19が猛威を振るう中で個性を示した各国の政治的リーダーたち。２０２０年当時のドイツのアンゲラ・メルケル元首相、米国のドナルド・トランプ元大統領、中国の習近平国家主席、台湾の蔡英文総統など、独自性のある特徴的な言動に注目が集まった。リーダーたちの有事の政府組織のつくり方にも、比較検証して学ぶべきことが多かった。

科学の世界では、日本ではノーベル賞受賞の研究者に注目が集まる傾向があるが、一顧だにされない地味な基礎研究をされているドクターや、マッドサイエンティストとレッテルを貼られ無視されていることも気にせずに挑戦を続ける研究者たちには、心から敬意を表したい。今は先駆者やリーダーとはみなされないだろうが、時を経て晴れて名を成す人たちも、ひと握りではあるかもしれないが間違いなくいるに違いない。

社会的リーダーでは、環境活動家のグレタ・トゥーンベリや、襲撃を受けながらも活動を続けるパキスタン出身の人権運動家マララ・ユスフザイ、そしてイスラム国に拉致され性奴隷とされて拘束されたものの逃げだすことに成功した女性解放運動家のナディア・ムラドなど、若き新世代の女性たちの勇気ある行動には目を見張るものがある。

学ぶべき対象として現実に生きたリーダーたちを紹介したが、人間の想像力で描かれた作中の人物から学べることも多い。

ＳＦシリーズで現実ではないが、個人的には『スタートレック』シリーズのリーダー群像の、それぞれに光る個性に強く魅かれる。

最も安定感があって人格者であり宇宙艦隊の誓いを遵守し、正義と合理性を体現しているジャン・リュック・ピカード艦長。彼を友人にすれば、最後には必ず頼ることができる安心の御守のような存在感となるだろう。もし彼が立つならば命を賭けねばならないが、それも喜びと思えるリーダーだ。

人間的で非合理的で感情的だが、勇気と機転と突破力でつじつまを合わせてしまう、ジェームス・Ｔ・カーク艦長。彼を友人とするといつも楽しめそうだが、相当振り回されるリスクだらけとなりそうだ。女性ならばすぐに口説かれてしまうだろう。

直観力に優れ、母性的優しさを持ちながらもルールを破る部下に厳しく、演出的コミュニケーション能力に長ける、キャスリン・ジェインウェイ女性艦長。彼女を友人にすると科学談義で盛り上がりそうだ。たまに起こす癇癪にはクワバラではあるが。

20世紀の野球の大ファンで、迷いと信念に揺れながら自己実現を目指し、ついには預言者の選ばれし者として神的使命を全うする、宇宙ステーションのディープスペースナインを指揮するベンジャミン・シスコ大佐。この世とあの世の境にいるので友人としてはいつも心配だろうが、彼を友人にすれば野球のヒーロー伝説談義を楽しみつつ、美味しい手料理をご馳走してくれそうだ。

人類が初めて宇宙に進出するシリーズで、地球人類のα宇宙域でのリーダーとしての役割を証明した人間味溢れる熱きリーダー、ジョナサン・アーチャー艦長。彼は心から信頼でき、友人として誇りにできる存在だろう。

スタートレックをご覧になっていない方にはさっぱりわからなかっただろう。長広舌をどうかお許し願いたい。特筆したいのは、時空を超えた未来社会の想像の中でもコミュニティは存在し、優れたリーダーが必要とされるという、ヒューマニズムと希望に溢れた世界観だ。時間をつくってシリーズのひとつはご覧になることをおすすめしたい。きっと自分のリーダー像や、自分のコミュニティでの役割のロールモデルに出逢えるはずだ。スタートレックには三国志並みの多様なキャラクターにあふれている。

コミュニティにあってリーダーはひとつの重要なロールモデルだが、偉いわけではない。コミュニティにはリーダーを補佐する者、リーダーを補完する者、リーダーを暗に指導する者、リーダーと共に歩む者、リーダーに身を捧げる者、リーダーに忠実に従う者、リーダーに歯向かう者、リーダーと道を分かつ者、などなどたくさんの重要なロールモデルが存在し、相互の関わりの中で活気のある社会、文化が形成されていくのだ。

長広舌を引き伸ばして恐縮だが、それぞれの艦長に仕えたNo.2とのコンビネーションの描き方は絶妙だ。カークよりも視聴者に人気のあったバルカン星人の副長ミスター・スポック。ピカードに全幅の信頼を寄せる熱血副長ライカー。ジェインウェイ艦長を献身的に支える元テロ組織マキのリーダー、チャコティなど。

いずれの関係も、現実社会のコミュニティや組織にあって、リーダーとその腹心パートナーの関係のあり方を学ぶ、絶好の材料となっている。

近江商人とユダヤ

ビジネスリーダーは自ら描くビジョンや行動指針のインスピレーションを得るべく、折に触れて古典を紐解くものだ。過去に学び、未来に生かせる、言語化された原理原則が綴られた古典的教えや箴言には、味わい深いものが多くある。

ビジネスの源流、最古のビジネスモデルは「商い」だ。如何にテクノロジーが進化しようとも人間の本質が変わらない限り、価値の高いものを安く手に入れたい買い手と、少しでも高く売りたい売り手の間には、商いの駆け引きがある。商いの交流を通じて、人や文化や技術が地球上を行き交い、現代の文明を脈々と形づくってきたのである。自然科学の法則と同様に、帰納的にビジネスの行動指針は公理化され、黄金律となった。

ここでは2つの商いの原点を訪ねたい。日本からは近江商人の教え、世界ではユダヤの教えである。彼らの教訓は、ビジネスモデルが大きく変わりつつある現代でも変わらずに役に立つ。

近江商人の教えで特に有名なのは、「三方よし」である。後世つくられた言葉だが、伊藤忠兵衛が「商売は菩薩の業、商売道の尊さは、売りも買い何れをも益し、世の不足をうずめ、御仏の心にかなうもの」と、語った内容に源がある。「売り手によし、買い手によし、世間によし」であれば、その商売はお天道様から祝福を受けるということだ。

私も近江商人の血を引いているが、子供の頃によく聞いた言葉に「始末して気張る」がある。音で「しまつしてきばる」と聞いていただけで、意味は大人になって理解できるようになったが、親の背中から自然と体得はしていたようだ。倹約に努めて無駄を省き、勤勉に働いて収入の増加を図る、というプロの職業人としては当たり前だが、実践は難しい、職業生活の規範である。

他にも「利真於勤、陰徳善事、先義後利」は大事な教えである。利真於勤（利は勤るに於いて真なり）は始末して気張ると同様であるが、その結果得られた利益は正当であるということ。勤めないで、つまり一所懸命にやらないで得た利益を諌めるものだ。

陰徳善事はそのままだが、アングロサクソン文化に染まった現代日本では、残念ながら忘れられつつある。先義後利を忘れては、日本でもアングロサクソン文化でも、商売はできない。義理人情を前に置く行動を実践する限り、利益は必ず後についてくるという商いの鉄則である。それが形として強制されるのではなく、自然に身についてこそ近江商人の誇りとする行動方針の実践実証となるのだ。

日本における近江商人のように、世界ではユダヤ商人が世界を先導してきた。

ウィリアム・シェイクスピアの戯曲『ヴェニスの商人』に登場する高利貸しのシャイロックがユダヤ商人であったため不名誉な印象を持たれているが、おそらくそれも、ユダヤ商人が常に商売と経済を先導していたことに対する羨望と嫉妬から描かれたのではなかろうか。

ユダヤ系の優秀な人材は、現代の世界では金融業界を牛耳っている。ゴールドマン・サックス、モルガンズ（J・P・モルガンやモルガン・スタンレー）、クレディ・スイスやロイズなど、世界のメジャーな金融機関は、すべてユダヤ系だ。グーグル、フェイスブック、スターバックスなどの世界で名を馳せる現代の巨大企業の創業者たちも、やはりユダヤ系である。

子供の頃から親やコミュニティの大人たちに、聖典タルムードや書籍や宗教を通して、あるいは口承やカバン持ちなどの言動を通じて、ユダヤの教訓が身体に叩き込まれているのだろう。

言語化されているものだけでも沢山あるが、その内容は概念的なものから、箸の上げ下げに至る生活の細部にまで言及しているところが、圧倒的な分かり易さと説得力を持っている。日本の著名な経営者でも、ソフトバンクグループ創業者の孫正義はユダヤの教えに強く影響を受けたという。

生活において分かりやすい教えには、「世の中には度を越すと行けないものが8つある。旅行、性、富、仕事、酒、睡眠、薬、香料だ」とある。また「人を傷つけるものが3つある。悩み、いさかい、空の財布だ。その内、空の財布が最も人を傷つける」は、空の財布を持ち歩いて美徳とする多くの日本人の庶民には耳が痛い。

生きる姿勢や商売の構えについての教えでは、「0から1への距離は1から1000への距離より大きい」ので粘り強く挑戦を続けなければならない、と伝承していることに深く頷かざるを得ない。「最も大切な事は研究ではなく実行である」とも言い、挑戦し続ける意義を強調する。

失敗については「失敗とは、あきらめてしまったときにのみ起こる現実なのだ」とする。仮に失敗をくりかえしたとしても「自信を失うということは、自分に対して盗みを働く様なものである」から決して諦めてはならない、と徹底的に挑戦を続ける大事さを繰り返し諭すのだ。

「何も打つ手がないときにも、ひとつだけ必ず打つ手がある。それは、勇気を持つことである」。また近江商人の陰徳善事のように「何が善であるかを知っているだけでは何にもならない。善行をせよ」とも説く。知行合一である。

ユダヤ人を最も商人、経済人として高めているのは、「出会ったすべての人から学べる者がこの世の中で一番賢い」と断じていることだ。洞察して、ありがたき人の教えとして共有することができる人々だからこそである。

近江商人とユダヤに接点はないはずだが、本質的に人間とその社会が変わらない限り、商売での体験や事例から導き出されるものには普遍性と共通性がある。普遍化された商売の教訓や導きを、具体的な目の前の課題でどのように生かせたかは、リーダーの想像力と創造性に負うところが大きい。

しかし、このような商売人の過去から引き継がれた叡智を知ると知らないとでは、まさに天と地の差がある。

寓話からの啓示

ユダヤの教えのタルムードや近江商人の十訓のように、明文化されたストレートながらも味わい深い教訓や導きは、リーダーの心得として大変役に立つものである。

一方でまた、暗黙知的な寓話も、リーダーの心の奥に入り組む浸透力を持っている。

本来は哲学をお勧めしたいところではあるが、咀嚼が難しく、現場現実への適用、翻訳に苦労することが多い。従って、ここでは腑に落ちやすい思想的寓話や哲学風の寓話から親しむことを考えてみる。

寓話は必ずしも直接的にリーダーやリーダーシップについて洞観するものばかりではないが、リーダーである限り知らなければならないこと、味わい感じなければならないことについて暗喩や示唆となり、見識を深める力がある。

今から300年前、1714年初版の『蜂の寓話』は、バーナード・マンデヴィルというオランダの思想家の手による大人向けの童話だ。「私悪すなわち公益」と副題がある。

「ブンブンうなる蜂の巣、悪者が正直者になる」の詩に集約される。寓話ではあるが、アダム・スミスの『国富論』につながる思想的根幹を提供した、人間社会に対する秀逸な深い洞察がある。

私悪とは人間の本性たる利己心、すなわち貪欲、虚栄、奢侈に現れる言動を指す。蜂の国に巣食う私悪を追求する利己的蜂と巣（国）に満ちた欺瞞すべてを神が追放したために、正直な蜂だらけになって急速に巣（国）は衰退してしまうという物語だ。

つまりは、人間が利己的な行動を自由に追求しても、社会秩序は保たれ、むしろ経済的には発展することを見事に洞察した寓話である。「まさに個人の悪徳が、巧妙な管理によって全体の壮大さと世俗的幸福に役立つようにされること」を企図した。

利己的行動は、虚栄心や名誉心と深くつながっている。それぞれの行動は眉をひそめるものであるが、それらの活動が複層化、重層化すると、世の中全体の公の利益につながることになるという、パラドックス的な達識なのである。

これはアダム・スミスのみならず、デヴィッド・ヒュームやその後の功利主義にも引き継がれた思想の源流となった。人間がみな私的利益を追求し、民衆に富が分配され、消費が高度化されることで、需要拡大につながり、経済発展のエネルギーになるとする。この物語は、あらゆるコミュニティに置き換えてとらえることが可能だ。

リーダーたる者、コミュニティを偏った価値観の狂信の集団にしてはいけない。自然な、多様性に満ちた集団として受け入れ、その上でどう導くかを常に考えるのである。

いかなるコミュニティや組織にも、自己の利益にばかり躍起な輩がいるものだ。強制的に排除もできるであろうが、結果として組織全体に利益をもたらすように、その輩たちを巧妙に利用する方法を考えるのが、リーダーとしての腕の見せ所だ。

人間社会全体がそうであるとするならば、純粋培養の閉じたコミュニティや組織をつくろうと考える方が異常であり、そのような姿勢で臨むリーダーは失格であろう。

例えば会社組織に承認欲求が強く、昇進を目的化している利己的社員がいるのは自然だ。その利己的社員たちをうまく活用して、会社全体の利益にがむしゃらに貢献させることができれば、会社の強い成長力につながるだろう。

また人は変わるものでもある。若かりし頃にリーダー自身もそうであったかもしれない。個人の利己的欲求こそが、自己と組織の推進力になることは多い。その経験をした者にとっては、蜂の寓話は至極自然な社会のダイナミズムであることが分かる。


もうひとつ挙げたい現代の寓話は、『かもめのジョナサン』である。世界で四千万部のベストセラーになった寓話なので知らない人はいないだろう。１９７０年の発売後44年が過ぎて、作者のリチャード・バックは未完の第４章を加えた。

物語はアリストテレス曰くの、最高善を目指すカモメのジョナサン。失敗にまみれながら常軌を逸した本能の挑戦を続ける。カモメの能力の限界を突破すべく、群れから追放され、群れを飛び出し、本能の根源である飛ぶ歓びを極限まで追求していく。かくして飛びを極めたジョナサンが、エサをとる日常しかしらない若いカモメの仲間たちを弟子とするべく、群れに戻っていく。ジョナサンは弟子が育つのを見て、また自由の世界へ飛び立つのだ。そして第4章に続く。

ネタバレになるので控えるが、目覚めた個として、眠れる組織の群れの日常と食べることだけのために飛んでいる仲間たちに幻滅するジョナサンに、夢やビジョンを強く思い描いている個の人間は自分の想いを重ねる。これはリーダーシップに覚醒するきっかけになる寓話だ。

コミュニティや組織に属していたい欲求よりも、自己実現の欲求が勝り、群れを離れることを決意し、徹底的に孤高な自己実現を目指すが、一人で為し得ない現実を知り、群れの中で自分が何を為し得るかを考え、群れに戻りそれを実行する。

寓話は極端なストーリー展開であるが、示唆するところは世の中の縮図、極める者のあり様だ。ジョナサンの師匠であるサリヴァンやチャン、弟子となるフレッチャーやアンソニーは、リーダーが自己鍛錬や自己啓発を考えるとき、最初の変革のチームをつくるとき、思い浮かべる人材のモデル群像である。

ビジネス界ではベンチャーや勢いのあるオーナー系の会社に、ジョナサンたるリーダー像が多く見られる。社長の座を譲った後、しばらくしてまた舞い戻る経営者では、ジョナサンのように「極めてから戻る」人が少ないのは残念だ。その点、スティーブ・ジョブズのアップルへの戻り方は、まるでジョナサンのようであった。

寓話は、読み手の人間が寓意をどう解釈し、どのように実践に生かすか次第で生かされるし、死にもする。読み手が本気でリーダーを目指す人であれば、必ずやその寓意を生かすことができるだろう。

子供の頃、ほぼ100%の子供たちが触れた『アリとキリギリス』の寓話。キリギリスって楽しそう。キリギリスでもいいじゃないか。いや、アリのように生きよう。アリになって最後には勝つんだ。キリギリスに憐憫を垂れるのだ。読み手、聴き手によって、その印象と自分への沁み込ませ方は異なる。そして人は各々信じる方向を目指して育っていくのである。

ここでは詳細やその示唆は取り上げないが、シェル・シルヴァスタイン著の*The Missing Piece*（日本語訳『ぼくを探しに』）や、*The Giving Tree*（日本語訳『おおきな木』）は含蓄が重く、深い。また、スペンサー・ジョンソン著の『チーズはどこへ消えた？』、『迷路の外には何がある？』、『頂はどこにある？』のシリーズは、ストレートな自己啓発本で分かり易い。かつてテレビの長寿番組であった『日本昔話』には、単純ながら時に深い寓意があるストーリーもあった。

機会をつくって古今東西の寓話に触れてみてはどうだろうか。

松《たい》明《まつ》

リーダーは自らの手に、松明を持つ。道なき道を切り拓き、先頭に立って歩むべき道を示さなければならない。リーダーの原理原則は、道を拓くために常に準備を怠らないこと、そして有事にあっては常に率先して、松明を持って先頭を歩むのだ。世の中が平穏で経済が右肩上がりの時には、コミュニティに不安はなく、明るい光に満ちている。ひとたび不確実なリスクが顕在化し、暗雲が立ち込めると、コミュニティは不安で覆いつくされる。このような時に、一条の光明を射し照らすのがリーダーの天命だ。リーダーには、狂おしい信条や独断と偏見が許容される時もある。それが、希望の道を照らす灯となるのだ。

ドグマ

人々を束ねて導くリーダーの手には松明が握られ、石板には刻まれたドグマがある。ドグマ（Dogma）とはもともとはギリシャ語で政治的決定や命令を意味した。現代では教義や教理、否定的には独断や教条と訳される。

リーダーのドグマとは、リーダーの信念に根差す理念、そして独善的な戒律でもある。石板に刻まれたドグマと言えば、モーゼの十戒を思い浮かべる人が多いだろう。旧約聖書のモーゼは『出エジプト記』にあるように、ヘブライの民を約束の土地に導くべく、40年間荒野で自ら道を示し、彼に付き従う民を彷徨わせた。遊牧民族でもあるまいし、想像を絶する苦難の放浪であった。長きにわたって団結して民を導くためには、リーダーには十戒のようなドグマが必須だったのだろう。

紀元前から、そして現代も、それは変わらない。

本田宗一郎という稀有な創業者について語る人や文献は多かったが、プロフェッショナルフォロワー、伴走したNo.2の藤澤武雄が影の実質の経営者であることについては、国内よりも海外の一部研究者が注目していた程度であった。二人の最初の経営上の約束は「近視眼的にものを見ないようにしましょう」である。

ガバナンスが問われる現代ではあり得ないものの、本田宗一郎の代わりに藤澤武雄が代表取締役印を管理していた話は有名だ。会社経営については本田は藤澤にすべての権限を委譲していた。

本田は自動車や飛行機オタクの技術者である。とにかく底抜けに明るく、天才的なひらめきを持つ奇人であった。ドリーム号と名付けられたオートバイから創業の飛躍は始まる。この頃に運命的にタッグを組んだのが藤澤だった。四輪自動車からホンダジェットに夢を繋いで、この世を去った。今頃は天国でＵＦＯ（宇宙船）をつくっているに違いない。

さて本題は藤澤武雄である。

夢を追いかける本田を支えながら、会社を世界のホンダへと飛躍させるため、藤澤はいくつかのドグマを掲げた。プロフェッショナルフォロワーながら、会社経営上は実質的トップを務めるビジネスリーダーであったからだ。

藤澤のドグマの根底にあるのは、人間の感情と情緒の尊重を最優先とすることである。ホンダの基本理念「買って喜び、売って喜び、作って喜ぶ」に、そのドグマは表れている。当時から藤澤は、部品納入業者を下請けとは絶対に呼ばせなかった。藤澤の代表的な経営のドグマには、「本業以外に手を出すな」、「松明は自分の手で持て」、「需要は創造するもの」の3つがある。

常に来るべき危機と未来の大いなる失敗に備えるのが自分の役割と信じ、底抜けに楽観的な本田宗一郎を支えて、藤澤自らが会社の先頭に立ったのである。

手を出すなとする本業以外に創造すべき本業があることを藤澤は洞察していた。本業以外に手を出すなとは過去の栄光の事業に頼ってはならない、未来の事業を本業にせよという信念である。未来に、今はなき需要をつくる事業に賭ける、という悲壮な決断でもある。まさに独善的判断の決意を固めたのだ。

そのためには自分もまだ見ぬ未来の道の先頭で、先を照らす松明を自身の手で持たなければならないと自らを律した。

無謀とも見えた米国進出で、馬鹿にされていたホンダの二輪車に需要の松明をつけるべく、“You meet the nicest People on a HONDA”（素晴らしき人ホンダに乗る）のキャンペーンを断行した。そして勝負を賭けた狙い通り、小型バイクのスーパーカブは若い世代に新しいライフスタイルを創造したのだ。

基本理念の縦糸こそしっかり通っていれば、横糸は自由奔放に動ける。経営とは、経が縦糸、営が横糸である。これが藤澤流の縦糸と横糸の経営ドグマの真骨頂である。

混沌とした擾乱期に前人未到の新たな挑戦をするとき、津波のように突然波状的に襲ってくる危機や有事に対応するとき、リーダーシップが渇求され、リーダーの出現が熱望される。

残念ながら、日本の高度成長期に勢いに身を任せて攻撃的に経営していたリーダーたちは後進に、危機対応のイロハも手法も、ドグマの真意も、深くしっかり教えずに嵐のように去っていった。数は少ないがその知恵と体験を次世代に託そうとする一握りの経営者が、まだビジネスの前線に立っている。

COVID-19の前には東日本震災があった。その前にリーマンショック、ＩＴバブル崩壊もあった。突然やってくる外部環境激変の危機を肌で知る現役の経営者は少ない。

来るべき危機に常に備えるよう警告を唱える実体験を培ったカリスマ経営者、その一人が齢百歳にもなろうとする信越化学工業の金川千尋だ。不況でも赤字は決して許されない、とする独特な実践経営哲学のドグマは重い。役員や社員が感じるプレッシャー、重圧は想像に難くない。

金川ドグマにはまず「熱狂の中で冷静に来るべき危機に備えるべきこと」とある。高度成長期や円安進行の時代、事業は右肩上がりで飛ぶ鳥を落とす勢いの熱狂となった。熱狂は陶酔を生み、間違いなくトップから現場に至るまで気を緩めることになる。その時にこそ次の危機を鮮明にイメージし、シミュレーションして準備をしなければならない、という教義である。

さらに、アングロサクソン流の経営戦略の逆を行く。選択と集中をせず、オールドエコノミーを切り捨てない、というのが金川らしいドグマだ。

オールドエコノミーに魅力がないと一般的に判断されるのは、財務上の合理的判断からだ。実は定性的な会社の文化やスタイルを守る意味、顧客と市場を助け支える意義がある。時にはオールドエコノミーが、景気や産業の変化の中で見直される場合もある。

また金川ドグマでは、前提が変われば結論が変わる、朝令暮改は当たり前と銘記されている。経営者やリーダーの、迅速に変化を恐れず対応する姿勢への強いこだわりがある。

中期経営計画策定に余念がない多くの経営トップには、中計こそが金科玉条の経営意思決定の基盤と、石頭でとらえている御仁が多い。これが嘆かわしいのである。中計をないがしろにはしないものの、中計の前提となっている様々な外部環境、技術の出現、経済環境や法制度などに大きな変容があった場合、中計は全面的に見直して良いのだ。それをできるのがリーダーである。強烈な想いで素早く推し進めるのが、松明を持ち先頭を行くリーダーの使命なのだ。

金川曰く「強力な指導力を発揮して常に戦わねばならないのが経営者で、特に社内にはびこる官僚主義と陋習《ろうしゅう》（いやしい習慣）は一掃しなければならない」と喝破する。

実践と経験に基づき、危機を乗り越えられる絶対的な拠り所を示すリーダーの生の言葉で綴られるドグマは重い。それが会社のあり方と未来を形づくるのだ。

道なき道

ドグマを掲げても、いかがわしい独善として黙殺されるのは世の常である。

リーダーが松明を持って道を照らしても、他にほのかな明かりがある方へ走って逃げていく人も多い。なぜリーダーが示す道が魅力的なのか、なぜその道が未来につながるのか、ドグマを持って熱く誠実に訴えかけたところで、簡単には人々は動かない。

しかしリーダーは絶対に何があろうと諦めない。諦めが悪いところにリーダーとなる素質とタレントがあるのだ。

未知の未来につながる道は誰が拓くのか。ごく少数の意見はいかにして大衆が受け入れる意見となるのか。いかがわしさが世の中の常識になる始まりはどこにあるのか。

独善に満ちた、諦めの悪い、狂おしい執着心を持つ誰かが始めることからしか始まらない。確率は低いものの、始まりがあればこそ、ついには世の中の常識になる可能性がゼロから一になるのだ。もちろんそうならない場合が多いこともはなから覚悟している。

結局は事実化に成功してこそ、後付けでリーダーとして崇められることになる。

松明を持って道なき道を歩み、道なき道を拓く、奇人変人狂人の実践者が、リーダーと呼ばれるべき人の原始の姿であろう。果たせるかな、後年その実を結ぶことになる道を拓くことができた人が真のリーダーとなるのだ。

現代では常識となっている腸内フローラによる予防医学を、日本で先駆けて提唱したのはヤクルト創業者である代田《しろた》稔医学博士だ。

健腸長寿の哲学、「ハガキ一枚、タバコ一本の値段で健康を」という分かりやすいスローガンですべての生活者に浸透させるまで、乳酸菌飲料の効能を説き続けた不屈の人だ。

もちろん最初は誰からも相手にされず、夢見の科学者とも揶揄された。そもそもは、ブルガリアの一部で常食されているヨーグルトが不老長寿に役立つ、とのノーベル賞学者の説に注目したことに始まる。

そこでヨーグルトを商品にするだけなら誰でもできる。しかし本当に科学的にその可能性を発揮できる菌を探し出して商品化することは容易ではない。しかも、科学分野のノーベル賞の研究やノーベル賞学者の仮説は、その後否定されることもよくある。

例えば1926年のデンマークのヨハネス・フィビゲルは、世界で初めて癌を人工的に引き起こすことに成功してノーベル賞を受賞しているが、本人の死後にそれらは悉く否定された。ポルトガルの医師エガス・モニスは、前頭葉を切除することである種の精神疾患を治療するロボトミー手術を発見したことにより、1949年ノーベル賞を受賞している。これは現代では悪名高き手術とされている。

翻ってブルガリアのヨーグルト説も完璧に検証されたわけではない。古来より不老長寿は人類の永遠のテーマであるから、その周りには疑わしい諸説、仮説の商品や方法がたくさん存在する。その中で代田は自らの科学者としての誇りと信念のもと、誰も為し得ない道にただ一人で歩み出したのである。その手には松明が握られていた。

世界の同時代に関連技術の研究者は多くいたが、代田ほど最後までその可能性を信じた研究者はいない。そして遂には、効能を最大限引き出すラクトバチルス・カゼイ・シロタ株の分離培養を成功させたのである。ヤクルト菌だ。今では日本で知らない人はいないだろう。

腸には、100種類100兆個以上の善玉菌と悪玉菌がともに暮らしていることは、今や常識となった。治療薬の研究開発と同様に、腸内フローラの研究が予防医学としていかに重要であるかは、現代の医療関係者のみならず大衆が知るところである。

腸内フローラから健康寿命を延ばす、という最初はごく少数意見でしかなかった仮説が、リーダーの信念と執着心で大いなる可能性の道を拓いたのである。もちろん代田博士亡きあとも、その信念と執着心は会社組織と社員に引き継がれている。

道なき道に踏み出したリーダーの最初の一歩が、前途洋々の大道を拓くのである。

魯迅の故郷

コミュニティや組織、特に会社は一時的な器、一時的な乗り物でしかないことを、ビジネスリーダーは肝に銘じなければならない。そもそも東インド会社を源とする株式会社は、有限の存在だ。

ビジネスの目的のために、有限責任の投資家とその目的を達成するために集められた有期のプロジェクトメンバーたちによって成立するのが株式会社だ。会社が永遠であるとは幻想でしかない。一時的な器や乗り物から始まり、永遠に繰り返し変態を続ける器や乗り物であれば、結果として永遠に存在している、というだけである。

ビジネスリーダーも人間であるがゆえに、陥りやすい感傷がある。それは会社というお世話になったコミュニティに対する帰属意識や愛着、会社生活の中で体験した数々の忘れがたき想い出への郷愁だ。

特にその会社で輝かしい、自分ながらに誇らしい成功体験を重ねた場合、もちろん一回でもよいが、会社に対する愛着と成功体験への郷愁が固着してしまうことが多い。リーダーとしての成功体験は、うまく回っている状態にあっては強い自信を継続する強力な支えとなる。感傷からくる反芻すべき原点となる愛着や愛社精神は、穏やかな平時はより大きな花を咲かせる肥やしとなるだろう。

しかし、どんなに順風満帆の時間を謳歌している会社に対しても、必ず予期せぬ危機が襲ってくる。内側からも外側からも、その両方からも、危機は扉を容赦なくノックし、時には間を置かず扉を破ってなだれ込んでくる。

このような時、愛すべき甘き成功体験は飾り物と化して役に立たず、むしろ障害となる。にもかかわらず感傷はビジネスリーダーの目を曇らせ、役立たずの成功体験を美化し、何の根拠も合理性もない運への信仰に置き換えてしまう。こうなっては誰も付いてはこない。会社の仲間たちは遂には落胆して、離散することになるだろう。

危機的状況にある有事のビジネスリーダーは、感傷を切り捨てなければならない。いやむしろ感傷を突き詰め、まずは徹底的に誰よりも深く絶望すべきだ。

魯迅の私小説ともいえる『故郷』を教科書で読んだことが遠い記憶の中にある。読後は荒涼感にとらわれる反面、内なる勇気も湧いてくるものであった。

20年ぶりに故郷を訪ねる主人公が寂寥感と隔絶感、そして絶望的な想いを抱くのだが、新しい世代との交流を通し、未来に一筋の希望を見い出すという内容だ。

故郷という存在、場、体験や想い出は、多くの人間にとっていつでも戻ることができる安心と愛情が約束されているところだ。しかしそれは心の中に期待する像であって、事実ではないのだ。

最後の名文を知らない人はいないが、その解釈は様々だろう。

　希望とは、もともとあるものとも言えぬし、ないものとも言えぬ。それは地上の道のようなものである。地上にはもともと道はない。歩く人が多くなれば、それが道となるのだ。

故郷をビジネスの世界に置き換えると、まさに甘き成功体験であり愛すべき会社であろう。会社が成長し、自分の職業人生が花開く成功体験。自分の尊厳と自信の源泉になっている宝物の記憶が溢れるところである。

故郷には素晴らしいたくさんの宝物があって想い出はすべて美しい。その現実がガラクタで醜いと分かったとき、人は絶望するのだ。

しかし希望は、本当の絶望の淵からしか生まれないのではないだろうか。絶望の淵に追いやられた人間が力強く目覚めたとき、希望という灯を点火するのだ。

そして希望の灯は人から人へと途切れず継がれ、伝播していく。最初にその希望の灯をともす人、その人が地上の道なき道を歩き始めることから、すべては始まるのである。

繰り返す歴史のダイナミズムの中で、この原理原則は常に真実である。

絶望の淵に追いやられようと、ドグマと松明を持つ人に希望の光が差し、希望の灯が点火する。成功体験に執着すれば、組織やコミュニティの新しい未来は遠のいていく。ホンダのもう一人の創業者の藤澤のように、人間尊重にすべての希望の根源を置くドグマに固執できれば、未来の復活は可能だろう。しかしもはやその組織は過去の組織と決別し、まったく新しくなければならない。

過去のビジネスの成功体験にばかり立ち戻ることや甘美な回顧に溺れることは、リーダーには許されない。安定した過去の業績や既存の組織ありきを前提とすべきではない。これまでの会社に過剰な愛着を持ち、頼るべきではないのだ。夢や理想を掲げて道なき道を歩むリーダーに、内なる声に従ってフォローする人がいれば、それが未来の道を創る。そこにまた新しいコミュニティが再び誕生する。会社はそのための一時的な器、次の時代への乗り物でしかない。

志

リーダーの原理原則の力の源を構成する原子は、不動の大きな志だ。志こそリーダーシップの核である。人類の夢の技術である核融合の如く、歴史上の非連続的な発展となるムーンショットは、志という核が、他の志の核と融合する反応から生じるのだ。リーダーの大いなる志が執念となって信念やドグマを生み、人々に放つ希望となる。希望を抱く人々にそのビジョンが浸透すると、志はコミュニティに実態化する。合理と情緒を束ねる不動の志が、時代の大きなうねりをつくる。

希望と大志

信念は希望につながり、恐怖を克服し、大志を成就する。

歴史物語で希望といえば、日本人はあまりピンと来ないだろうが、西欧人はナポレオンやジャンヌ・ダルクを想起する。言葉の多いフランス人が語り紡いでくれたお陰で、日本人にもそれは伝わっている。

ナポレオンは混迷の19世紀にコルシカ島の没落貴族の家に生まれたが、一代でヨーロッパ全土を治めるフランス皇帝に上り詰めた、稀代の政治家だ。

「リーダーとは希望を配る人をいう」と自ら断じた。ナポレオンは大いなる野望と細心の策略で最強の軍隊を編成し、国家併合の大仕事を成し遂げた歴史的リーダーと評されている。希望を束ねて大志を実現したポピュリズムの先駆的政治リーダーだ。

ジャンヌ・ダルクは、さらに遡ること15世紀の、黒死病蔓延後の英仏百年戦争の中に立ち現れた、希望の象徴となった聖女だ。21世紀のスウェーデンの少女、グレタ・トゥーンベリに重なる像である。

歴史家は、10代の少女であったジャンヌ・ダルクが、フランス王族から甲冑、馬、剣、旗印などの軍装と協力者たちの軍備一式を寄付によって調達できたのは、「崩壊寸前のフランス王国にとって、ジャンヌが唯一の希望に思えたからだろう」としている。彼女は英仏王族の終わりなき戦乱の中にあって、土着の母国フランスを救うことに執念を燃やし、勝利を疑わない信念を持っていた。

「雲の上の王族たちが小競り合いを繰り返したとしても、市井の人々の暮らしは何も変わらない。ただし、市民が祖国存亡の危機だと激怒したときは別だ、ということをジャンヌは理解していた」と専門家は分析する。

ジャンヌが19歳で異端として火刑に処せられたこともあって、その炎は後世に広く延べていった。フランス海軍には、ジャンヌ・ダルクを冠した3種類の艦船がある。第二次世界大戦では親ドイツのヴィシー政権と反ドイツのレジスタンスの両方で、ジャンヌのイメージが利用された。極右政党の国民戦線にもジャンヌのイメージは多用されている。

思うに、希望とはリーダーが持つだけではなく、リーダーが人民に描いて見せ、配るものである。

リーダーが持つのは、その希望を束ねる大志だ。時として野望や野心と批判的に評されることもあるだろうが、大きな志が無ければ人々に有り余る希望を配ることはできない。大きな志は、希望を生み出す強き信念が湧き上がる源があるからこそ膨れ上がっていく。

毎日、毎時、毎分に強く思い描く、こうありたい、こうしたい、こうなるべきだという沸々とした想いは、執念となり信念となり、希望の結晶化を重ねて、ついには不動の大きな志となる。

あるリーダーの大きな志が希望を放ち、希望を受け取った周りの人々の志が目覚め、さらに他のリーダーを実践する人々の志と出遭い、ぶつかり合うことで、大きな時代やパラダイムシフトのうねりを生み出すことになる。

日本人にとって馴染みのある"Boys be ambitious !"（少年よ大志を抱け）は、北海道農業の発展の基礎、人材育成で多大な貢献をしたウィリアム・スミス・クラーク博士の言葉だ。"Like this old man"と続く。つまりクラーク博士自身のように、という意味である。

サミュエル・ウルマンの有名な『青春の詩』が如く、少年であり続けるのは心の持ち様だ。希望に満ちた若き少年の如く、齢を重ねても常にこうありたい、こうしたいと強烈に想い続ける。その執念と信念が、少年時代と同じ青春を蘇らせる。

"Be ambitious !"（直訳では野心的になれ）とは、危険を含む野心こそが大志を抱かせ、希望を配らせるという意味である。今も北海道大学では、クラークカレーというメニューがあるらしい。北海道発のスープカレーのベンチャーの相談を受けたときに聞いた話だ。いつか彼の地を訪ね、カレーライスの発祥とも言われるクラークカレーを楽しみながら、博士の大志に想いを馳せたいと思っている。

志とビジョン

"Where there is a will, there is a way."

この文章に、出くわしたことがない人は居ないだろう。意訳にはいろいろあって、「精神一到何事か成らざらん」、「為せば成る」、「思う念力岩をも通す」などだ。運命は志あるものを迎え導き、志なきものをひきずっていく。

新型コロナウィルス禍の中で、世界の先進諸国の政治リーダーの言動には、注目が寄せられた。中でも多くの人々に感銘を与えた政治家は、ドイツのアンゲラ・メルケル元首相だ。

彼女の座右の銘として、この文言、"Where there is a will, there is a way."（直訳では、意志あるところに道は拓ける）がある。ギリシャ債務危機や英国EU離脱交渉などの難題に対峙するたびに、本人が口にしてきた。

２０２０年3月22日、10日間の自宅隔離から復帰して国民に向けたスピーチは、まさに成熟したリーダーシップを感じさせた。食い扶持を失い、明日が見えない深く澱んだ不安感と焦燥感に駆られる大衆に対して、落ち着いた口調で語りかけた内容の一部を抜粋する。

私がみなさんにお約束できるのは、（ドイツ）連邦政府を頼ってくださいということです。私も昼夜問わず、どうすればみなさんの健康を守りながら、元の生活を取り戻すことができるかを考えています。もし私たちが自分の責任について考えなければ、それに応えることすらできません。同じように、現実にそぐわない規制解除日を決めたり、間違った希望を膨らませたりしては、責任を果たすこともできません。あらゆる視点から全体像を捉えるのは、とても骨の折れる仕事です。ですが、親愛なる国民のみなさん、連邦政府と私個人がこの仕事を担うことに期待していてください。それがまさに私たちが取り掛かっていることです。お約束します。

ドイツは憎むべき全体主義を世界に波及させた歴史を持つ。過酷な経済危機と社会的パニックの中で、危険なナチス政権を大衆は歓迎したのである。まさに同じ社会経済的危機が襲う中で、個人が余裕を失い、不安に陥り、利己的になることで危険で暴力的な権力者を生み出しかねない。メルケルはそれを重く理解した上で、国民に語りかける姿勢を静かに打ち出したのだ。

これに先立つ3月11日のスピーチの冒頭は衝撃的であった。

新型コロナウィルスに対するワクチンも存在せず治療法さえない中で、専門家は国民のうち最大で60~70%が感染すると見ています。

同じころ世界中の政治リーダーが楽観論もしくは漠然とした観念論を展開している中で、明確な意志、つまり国民を今導かなければ危機を回避できないというリーダーの決意を、国民一人ひとりの自覚を問う挑戦状として厳かに叩きつけたのだ。

メルケルの意志を持って示されたビジョンは、具体的かつ合理的であった。国民を導き、自発的対策を確実に実行させたかったのである。千人以上が集まる集会は中止する。小規模集会についても再考する。石鹸で20秒以上かけて手洗いする。咳をしている人に近づかない。これらの感染症研究機関のガイドラインに基づいた行動を取る。その目的は感染拡大を遅らせて時間を稼ぎ、政府がワクチン開発に財政支援を行いつつ、欧州各国と感染拡大阻止のためあらゆる連携を深め、実行体制を整えること、と説明をした。

後年の歴史家や科学者が検証することになるが、メルケルのこの時期での迅速で確かな意思決定と判断、問題解決のビジョンの下での対応策は、極めて合理的で科学的であったと評されることだろう。

志があるところに道が拓けるが、そこには未来のあるべき姿、ありたい姿、未来予想図が描かれていなければならない。それが志を伴うビジョンだ。人々に希望を配るときに、セットになっている「共有したい未来像」である。一緒にこうなろう、こうしよう、こうあろう、というリーダーが人々に対して可視化する、強くぬくもりに満ちた想いだ。

平時にあってぼやけやすいビジョンは、有事になるとまったく役に立たない。他と区別がつかない普遍的に掲げられたビジョン、リーダーの固有名詞とセットになっていないビジョンは、深い味わいと意味を持たないお題目になっていることが多い。

平時にあっては、リーダーが生まれにくく顕在化しづらいために、平時のビジネスリーダーと呼称される人々は、世の中との平和的な調和を望む優秀なマネジメント人材でしかないことが多い。

従って、その志は小さく丸く、尖らず、突き抜けない。ビジョンもそれに伴い、丸く柔らかく、普遍的にならざるを得ないのである。ただし普遍的なビジョンは、平時の中で突然襲ってくる有事にはまったく機能しない。

大きな強き志が生まれる背景には、時代の強い危機感や世相の混迷がある。そのような有事にこそ、個性あるリーダーが放つ際立つビジョンが人々を惹きつけるのだ。

ビジョンは、実存する生の言動で打ち出される、記名的なリーダーの存在があってこそ、はじめて人々を行動に駆り立て、世の中の変革のダイナミズムを生み出すのである。

主知主義と主意主義

そもそも人間の心は、「知情意」の３つの要素から成ると言われてきた。

西洋哲学界で長く論争が続いているのは、知情意のいずれが優位であるか、いずれが支配的であるか、だ。

３つの要素それぞれの優位性別に整理すると、知が「主知主義」、情が「主情主義」、意が「主意主義」となる。

私なりに大雑把に解釈すれば、主知主義は、人間の知識や理性を情緒や意志の上位と見なすので、客観に基づく合理主義ともいえよう。主情主義は、情緒や感情を上位とするので、主観に基づく直感主義と言い換えてもよいように思う。

そして主意主義は、人間の意志を上位と見なし優先させるべきと考えるので、主知主義と主情主義を束ねる意志を根本原理と見なす志本主義と見なせるのではないか、と考えている。音合わせのようだが、現代の資本主義はまさにこの志本主義と親和性がある。

リーダーシップは、この志本主義たる主意主義であることが原理原則である。

もちろんリーダーシップには、知情意のすべての要素がバランスをもって混合され組み合わせられることが肝要となる。知と情がないリーダーには誰も付いては行かない。しかし、どのように、どの程度、知情意を混合し組み合わせるかは、やはり意志こそを最優先とし、礎として組み合わせるべきではないだろうか。

歴史を紐解けば、理性を重んじる主知主義があってこそ、初めて主意主義が意義を持ち、主意主義が行き過ぎれば主知主義が牽制をかけた。一方、主情主義に偏れば主意主義がバランスをとってきたのだ。

コミュニティや組織にあっては、参謀的役割をする冷静で合理的な主知主義の人材があってこそ、主意主義のトップがリーダーとして生かされる。主情主義に重きを置く現場人材と組織を、主知主義の人材と組織が分析評価を担当し、主意主義のリーダーが全体を総合して動かすのだ。

会社では、財務や企画の人材と組織が主知主義をもって、定量的かつ定性的に合理的な現状分析と未来予測を行う。確率的に高いいくつかの選択肢を提示された経営者が、志本主義のリーダーとして志とビジョンに即し、主意主義をもって最善と考えるひとつの選択肢を意思決定する。そして主情主義的なアプローチを前面に出してフォロワー人材と組織を巻き込みながら、すべてのステークホルダーに選択肢の実現の道筋を切々と語りかけ、素早く力強く動かしていくのである。

思うにリーダーたる人間には、常に内なる精神的な葛藤があって多重人格的にせめぎ合うのが望ましく、それが通過しなければならない不可欠な経験であり、試練でもある。知情意の内なる葛藤がないリーダーに、周囲の人材や多様な人々の何が理解できるであろうか。

ある時は客観性、合理性をもって冷徹に考え、ある時は仲間たちの叫びや悲しみを全身で受け止め、ある時は自身のすべてをさらけ出して自分たちのコミュニティのあるべき姿を問い掛け、真顔でビジョンと志を示し、笑顔で希望を共有する。

主意主義が主導したからこそ、主知と主情を折り重ねる近代の啓蒙主義が文化文明の進展を革命的に進めたのだ。人間が個人として啓蒙的になるためにも、自己の自由なる意志を強く持って、人生の意味や社会とコミュニティとの関わり方を知と情を使い分けながら探り、掴んで、成長していく必要がある。リーダーになろうという人材が、先端的に知情意の内なる葛藤を克服して啓蒙的でなければ、コミュニティと組織の人々の尊敬を受けることはないだろう。

従流志不変

元米国大統領のビル・クリントンがアーカンソー州知事時代、当時の三洋電機の井植敏会長から贈呈された書がある。それは京都の臨済宗大徳寺の立花大亀大師の手になる、「従流志不変」であったと聞く。風前の灯火となりつつある凋落の三洋電機の想いを誰かに託したかったのかもしれない。奇しくもその後、クリントンは歴史上最も若くして第42代米国大統領となる。

「志は変わらず、而して、流れには従うべし」、「流れには従うも、志を変えず」と読める。VUCAの時代、常に先が読めない時代、有事の最中で、リーダーが携えるべき真言である。

間違えてはならないのは、流れには従うのも意志であるということだ。老荘思想の「上善如水」は、意志なきように無の心とする意志である、という禅問答的な解釈と同じだ。意志なく流れに身をただゆだねれば、楽になり、受動的になり、それが習慣化して遂にはそもそもの意志を見失うことになる。概念的にのみ志を不変としても、それはもはや意志として外界に対して働きかけるパワーと機会を失うことになるであろう。

この違いは、天と地ほどある。

リーダーのリーダーたる強さは主観的、自主的に流れに身を任せる意志の強さにある。それでこそ流れが大きなうねりとなるとき、誰よりも先見先覚してうねりをとらえることが可能となる。また流れが志に逆行していようとも、流れの中の弱きところを見い出して、逆らう機会をつくり出す。あるいは翻って、流れを利用することで志を実現する奇策を見い出すのだ。その変わらぬ意志こそが求められる。


松下電器産業からスピンアウトして、独立独行の道を選んだ三洋電機。

創業者の井植歳男は、太平洋と大西洋とインド洋で躍進する意志を持って「三洋」とした。その名の如く、白物家電の洗濯機や冷蔵庫のみならず、エアコン、ソーラーパネル、リチウムイオン電池、携帯電話、カーナビ、デジタルカメラのＯＥＭ供給など、様々な分野で優れた技術やトップレベルの人材を抱え、業界の重要な地位を占める躍進を実現した。

その隆盛も久しからず、本家松下電器と伍して戦ったのも束の間に、松下電器より名を変えたパナソニックに、引き取られる運命を受け入れることになる。グループ10万人の社員数を誇る巨大企業が、雲散霧消したのである。創業者のリーダー・ファミリーであった井植家は、強い意志のあるリーダーシップを発揮できないまま、流れに従って大きなうねりに押しつぶされた。

リーダーが意志を概念のみに閉じ込め流れに受動的に身を任せると、容易くも組織は方向感を失い、バラバラの烏合の衆となり離散するのだ。間を置かず、外の強い意志を持ったリーダーとその組織に食い物にされるのである。

この世の常態とはいえ、リーダーが志と信念を見失い、コミュニティと組織に対して希望が配れなくなったとき、コミュニティと組織はあっという間に瓦解する。60年間の長きにわたって、多くの人材の汗と強力な応援団である取引先に支えられて培ってきた組織や文化やその結実した商品群が、忘却の彼方に追いやられ消失するのに、ほんの数年もかからなかったのだ。

リーダーたる者、常に時代を先見先覚しつつも、それに失敗した時に、うねりや流れには逆らわない、抗うべきではない。むしろ、大いなる志をさらに磨き上げる絶好の機会ととらえ、うねりや流れを自らの体幹を強くして受け止め、うまく受け流し、時には大いに利用するのだ。

大いなる志と目指すべきビジョンを曇らせることなく磨き上げれば、やがて時節が到来し、溜め込んだ核融合の如きエネルギーを仲間と共に爆発させるだろう。仮に時節到来を断念せざるを得ない場合も、大いなる志が不変である限り、白地からの再出発は行動実現によって約束されている。仲間たちとともに新しい道をつくればよいのだ。

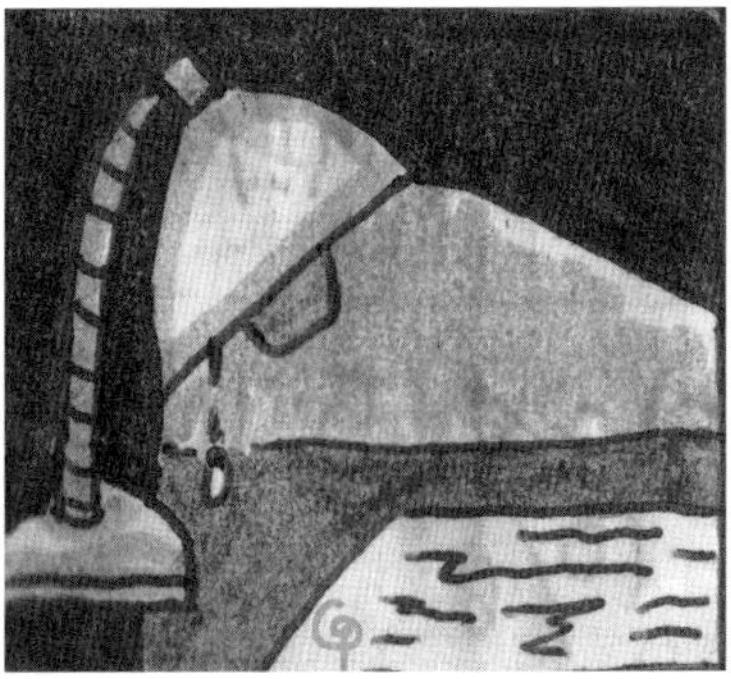

人格

リーダーは尊い人格者であると、後世で評価される。しかし原始的人格は、奇人変人の如く常軌を逸していることが多い。そもそもの人格者は、リーダーを支える側の人材に多い。結果としての人格者たるリーダーは、後天的な修羅場体験の後に立ち現れる。艱難や試練を通して形づくられるリーダーの人格には、善と徳と知という三要件が相加相乗的に結実する。善徳知を備えたリーダーが全人格的な熱意と誠意で、仲間一人ひとりと人格と人格を接触させることで、人々を動かすのだ。リーダーの人格が極まると、関係する組織やコミュニティだけでなく、その枠組みを超えて時代をも動かすのである。

原始的性格の昇華

後世に傑出したリーダーと呼ばれ、高く評価される人たち。

前世紀の西洋や世界で名を挙げるとすれば、政治家ではウィンストン・チャーチル、マハトマ・ガンジー、ミハイル・ゴルバチョフ。芸術家ではパブロ・ピカソ、チャーリー・チャップリン、ココ・シャネル。科学者ではアルバート・アインシュタイン、ライト兄弟、アラン・チューリングなどを思い浮かべる。さらに19世紀に遡り、ジャンルは混ざるが、ナポレオン・ボナパルト、エイブラハム・リンカーン、カール・マルクス、チャールズ・ダーウィン、ネイサン・メイヤー・ロスチャイルド、アンドリュー・カーネギー、フローレンス・ナイチンゲールなどを思い浮かべる。

他にも多くの固有名詞をそれぞれの専門分野や職業領域の中で見つけ出すことができる。それぞれが社会や人類への大きな功績を残した、各界で記憶すべきリーダーたちだ。

日本で傑出したリーダーといえば、歴史を通して明治維新の志士や戦国武将が挙がることが多いが、有事だけではなく平時にも多くの高名ではないものの、いぶし銀の各界のリーダーたちがいた。日本では金色に輝くよりも、いぶし銀の鈍い光沢をたたえる人材の方がなぜか印象深く、魅力的だ。

現代ビジネス界では、ＤＸ時代の寵児のＧＡＦＡＭをはじめ、その基盤を創ったインテルやマイクロソフトなどの創業者たちがいる。まだその多くが在命中ながら若くして既にレジェンドであり、現代ビジネス社会のカリスマリーダーとして世界の若者たちの尊敬を集めている。

セルゲイ・ブリン、ラリー・ペイジ、エリック・シュミット、スティーブ・ジョブズ、スティーブ・ウォズニアック、マーク・ザッカーバーグ、ジェフ・ベゾス、ロバート・ノイス、ゴードン・ムーア、アンディ・グローブ、ビル・ゲイツ、ポール・アレンなど綺羅星の如くだ。

彼らに共通していることは一体何だろうか。尊敬できる凄い経営者、というような一般的な後付けのメディア話ではない。そもそもの共通性、何かしらの秘密があるはずだ。

個人的見解だが、共通点はキャラや個性がかなり立っていて、そもそもは根っから奇人変人異人であったということだ。ある人はメガロマニア、誇大妄想狂であり、ある人はパラノイア、偏執症であり、強迫性障害気味の人もいる。精密な現代医療の精神鑑定を受ければ、すべて精神異常者として真っ当にあてはまるだろう。

今でも若いが、起業の頃のうら若きグーグルの二人とフェイスブックのザッカーバーグは、明らかにパラノイアだ。起業の頃のスティーブ・ジョブズは筋金入りのヒッピーであり、パラノイアでメガロマニアの二冠王だ。車を異常なスピードで暴走させ、体を揺らして考え込む若かりしビル・ゲイツも、負けじと二冠王だろう。

ジェフ・ベゾスはメガロマニアのチャンピオン。イーロン・マスクもメガロマニアが行き過ぎた異常者だ。前世紀や前々世紀の偉人たち、芸術家のパブロ・ピカソや岡本太郎は言うまでもない。

あまり知られていないが進化論のチャールズ・ダーウィンや看護師の先達フローレンス・ナイチンゲールも、パラノイアで強迫性障害だったと後世の研究者たちは分析し、推察している。

後世に偉人として伝記を残す卓越したそれぞれの分野でのリーダーたち、現代のビジネス界を猛烈に切り拓くアントレプレナーたるリーダーたちも、その原始的な性格にあっては、常人から見れば奇人変人異人、メガロマニアやパラノイアなどの異常な人たちばかりである。

表面的には聖人ぶって登場する人もいるが、影では異常人格やサイコパス、奇妙奇天烈さを知る人ぞ知るという事例は、表には出てこないがかなり多い。多くの場合は若い頃の話ではあるが、若さゆえの暴走ではなく原始的に備わっている抑え切れないエネルギーが、まだ人格形成が成されぬ前に自然と噴き出してくるからだろう。

米国のテレビドラマシリーズに『ＳＴＡＲＴＵＰ』という、犯罪がらみのぐちゃぐちゃなストーリー展開ながら、ビジネスと人間のダークサイドを抉り出す秀逸で奇怪な作品がある。生まれも育ちも信条も経験もまったく違うイザベルとニックとロナルドという三人が遭遇し、アラクネットと称する守秘性と中立性を極めた、ダークサイドを引き付けるネットのプラットフォーム事業の起業に挑戦する物語だ。

三人の中で生まれも育ちも劣悪で、殺人も犯すハンディキャップを持つハイチ系ギャング出身のロナルドが、シーズン３には最も人格者として共同ＣＥＯの役割を自覚し、その実践者となっていくのがとても印象的だ。広い世の中を知らず、未熟で若さゆえ暴走していた未熟な人格は、世の中を知り、様々な苦悩と失敗と絶望の体験を越えて筋の通った人格へと変態し、収れんし、昇華していく。青虫が蝶になるのだ。

リーダーになるとは、原始的な性格と湧き上がるエネルギーを道具と糧にして、あちらこちらに頭をひどくぶつけながらも目指したい自分の未来を見つけ出し、自己革新を連続して為し遂げることではないだろうか。

善徳知

成功をおさめて世の中に知られる存在となった企業家や職業人、その道の大家、リーダーは、尊敬に値する素晴らしい人格者だと皆が信じている。その人がいかに若いころ奇人変人異人でアウトローであったとしても、伝記を残す偉人として、今の成功者としての姿を見て、そう信じたいと思っている。子供の教育の為にもその方が都合がよいからだ。卓越した人格者だからこそ成功をおさめたリーダーと成り得たのは当然で、自分のような凡人ではなれないと思いたいという逃げや弱さもある。

一方、人格者と信じられている成功者たるリーダーは、そう見られる自分をそうあろうと振る舞いだすことで、それが不思議と身についてくるのだ。成功者自身も遅まきながら人格者であろう、人の範たろうと精一杯努力するのである。人は精一杯努力して真剣に演じ続けることで習慣となり、遂には人格の中に取り込んでしまうのだ。かくしてリーダーとして名を馳せる人たちは、素晴らしい人格者として世に立ち現れることになる。

では、素晴らしい人格者はどういう人間か。答えは、善と徳と知を備えた人間である。善徳知の鼎で立つのが人格者だ。

市井のアリストテレス研究者として、万学の祖であり実学実践者であったアリストテレスの教えについて、私の講義録からできるだけ平易に解説を試みたい。

善とは、存在者がそれ本来の働き（機能や使命）を遂行した時に実現される。自然的存在者は、永い時間軸の中の自然淘汰による適者生存の原理によってこの働きを獲得する。人間の善とは、分かり易く言い換えれば、「よく生きる」ということだ。人間が本来持っているすべての能力と可能性を全開させよ、ということである。アリストテレス曰く「人間にとって善とは、生涯を通じての魂の最高の最も優れた活動である」（ニコマコス倫理学）。

徳は小難しくとらえる必要はなく、「優れた性格」を意味する。分かり易く表現すれば「皆から好かれるいい奴」であると評価されるのが「徳がある」という意味だ。

子供のころから嫌いなタイプなのに憎めない奴がいる。得な性格だと人からうらやましがられる奴もいる。彼ら彼女らには、先天的な気質として徳が備わっている。もちろん後天的にも獲得できる。多くの挑戦と失敗の経験を積み重ねればいい。自然と人は円くなる。修羅場の体験の数こそがその人材の徳をつくる。先天的よりも後天的な徳の方が深みがあって、魅力的な人格を形づくるのだ。

知は、「事実知」と「原因知」に分けられる。「人は誰でも生まれつき知ることを求める」とアリストテレスは言う。哲学の語源となったギリシャ語のピロソピアとは、知を愛し求めることである。人間は生まれつき知に開かれた存在だ。誰でも子供の頃何でも知りたがったはずだ。何？　なぜ？　これが知の欲求だ。これは何かという問いが事実知で、なぜかという問いが原因知と呼ばれる。

これら善徳知の要素要件を等しく同時に満たす人材こそが、人格者なのだ。

常に知識欲に溢れ、実践的に体得し、優れたチャーミングな振る舞いで人に好かれ、自分が実現したい夢と目標に向かって、一心不乱に突き進むのが人格者である。

奇人変人異人として、何かを目標にして必死に挑戦し没頭していた人間が、多種多様な挫折や失敗を繰り返した末に人格者として立ち現れる。とてつもない何かを成し遂げつつある成功者や挑戦者は、教えを請われる達観者や神々しい解脱者へと変異していく。そして相応の時間を経て、善と徳と知を備えた人格者たるリーダーが産声を上げる。

人格的接触

善徳知を備えた人格者が動き出すことで、周りの人々や組織やコミュニティも動き出す。人格者が組織やコミュニティに迎合するのではなく、組織やコミュニティが人格者に導かれ、引き付けられるのだ。その始まりは、人格者たるリーダーによる組織やコミュニティの人材との個別の人格的接触からだ。

リーダーは一人の独立した人格者として、組織やコミュニティの部下や仲間とつながる。人格的接触とは、部下や仲間も同じく独立した人格者だと認めることから始まるのだ。部下や仲間に、その自覚と覚醒を促す化学反応を起こすような接触である。

ヘンリー・ミンツバーグ曰く、「会社にとって私たちはHuman resourceなどではない」。日本語でも人的資源と訳されてしまうHuman resourceは、経営者から見れば会社が成長する資源のひとつ、つまり道具や武器でしかないと読み取れる。このように考えるのは大きな間違いだとの指摘だ。

会社にいる私たちはHuman resourceではなく、"Resourceful human being" である。直訳すれば「能力に溢れた人間」だ。会社組織やコミュニティの経営者やリーダーと同じく、無限の可能性を引き出せる人間という人格を持つ貴重な存在なのである。

経営者と社員は人間と道具の関係ではない。人格的接触の関係だ。人格と人格の接触、互いに独立した人格を持つ対等の人間同士の関係構築こそが、組織の基礎となる。

組織内の人格的接触、リーダーと仲間たちが同じ能力に溢れた人間同士として縦横無尽に絡み合うことで、自分たちの会社組織やコミュニティをスパイラルに高みへと導く動的な組織運動を活性化するのだ。

人格者には人格者が分かるという。それは単なるすれ違いの、表面的な挨拶などでは実現できない。人格者を見い出す人格的接触とは、昔からよく言われる「裸の付き合い」をするということだ。自らをさらけ出し、相手の話に傾聴しながら、踏み込んで自分の考えや意見や主張をせよ、ということである。

前途有望ながらも未熟で潜在的なリーダーたる人材やプロフェッショナルフォロワーたる人材は、人格的接触によって目覚めの機会を得る。そもそも未来の人格者として、自己実現を目指す意欲を潜在的に持つ人は、他の人格者に興味を持ち、注目し、フォローするものだ。

成功した人格者たるリーダーとの人格的接触によってその道が拓かれ、その可能性に気付く有為な人材は多く存在する。優れた人格者であろうという心がけや想いを持ち実践している人は、既に優れた未来の人格者なのだ。

リーダーもその一人であり、リーダーを立派に支える人材もまた、まさに人格者の鑑である。優れた人格者だからリーダーになったのではなく、それを限りなく目指している人がリーダーシップの機会を得てリーダーとなり、またリーダーを見い出してプロフェッショナルフォロワーとしてリーダーを創る。リーダーを見い出せる人格者だからこそ、リーダーをフォロワーとして支え、見込んだ人材を人格者としてのリーダーに仕立て上げることができるのだ。


付記として、最近のマインドフルネスやセルフコンパッションの考え方を取り入れて、リーダーの人格的接触の意味合いを考えてみたい。

善徳知を備えた人格者は、マインドフルネスを実現できる人であり、他者にコンパッションができる人といえよう。マインドフルネスをセルフコントロールできる人は、安定したバランスの良い人柄であることが多い。達観の境地に至ることができる人間だ。マインドフルネスを瞑想によって一時的に得るテクニカルなアプローチが知られているが、本質的には多くの体験を通して常時常態で身につけている境地、状態と考えるべきだろう。

このマインドフルネスを常時身につけているからこそできるのが、コンパッションである。

コンパッションとは、他者の苦しみや悩みを深く理解し、共感し、寄り添うことによって問題を解決する「共にいる力」とされる。本物の人格者たるリーダーが人格的接触を誰よりもうまく実現できるのは、このマインドフルネスとコンパッションがあるからだ。

おそらくこの能力は、リーダー自身の数々の修羅場の経験により自らを癒す力を培ったからこそ身に付けたものである。これをセルフコンパッションと呼ぶ。

困難に直面した時に、自身の肯定的、否定的側面の両方を理解し、受け入れ、その苦しみが多くの人間に共通していることを認識し、感情のバランスをとる能力だ。セルフコンパッションができると、自己実現のモチベーションを保ち、防衛的にならず、ありのままにして幸福感を保つことができる。他者に対して常に自然に、寛容でいられるのだ。

人格的接触には、この寛容さこそが最も肝心な特質となる。

時代を動かすのは主義でなく人格である

「戦争では強者が弱者という奴隷を、平和では富者が貧者という奴隷をつくる」とは、耽美主義を日本にもたらした19世紀末のデカダンス作家、オスカー・ワイルドの言葉である。

常に斜めから男女の関係や世の中の真実を切り取る姿勢は、一種哲学風だ。

そのワイルドの言葉、"It is personalities, not principles, that move the age."は、リーダーを目指す者に深く刺さる意味がある。直訳すれば、「時代を動かすのは主義ではない、人格である」となる。人格者たるリーダーこそが、主義と共に誠意と熱意をもって時代を切り拓く、と解釈できる。

支配的な主義やイデオロギーが世の中を動かす原動力になると思いがちだが、概念で時代は動かない。人格と共にある主義、人格と共にあるイデオロギーこそが時代を動かす、という慧眼である。人格、即ち人格的接触を誠意と熱意をもって実践できる人間リーダーの存在が大前提となる。

現代の中華人民共和国の隆盛は、毛沢東が基礎をつくり、鄧小平が仕上げた。

共産主義というイデオロギーが国家と時代を進めたように見えて、実は人格が主義を推し進めたのである。人格と主義が分断すると、主義は仮面化し、暴走する。なぜなら主義を制度化、システム化して官僚がマネジメントするからである。米国の資本主義がそうであり、中国の共産主義がそうである。トランプ元大統領も習近平国家主席も、ワイルドの言葉にどう応えるだろうか。

日本の過去の経営者群像にも、人格を会社経営と製品に投影したリーダーがいる。グンゼを創った波多野鶴吉だ。波多野は放蕩生活の後にキリスト教に入信し、絹糸の品質向上に生涯を捧げ、「郡是《ぐんぜ》」を世界のグンゼにした。挫折を繰り返した若者がキリスト教の神との人格的接触とも言える啓示を受け、セルフコンパッションに目覚め、自分の歩むべき道を見い出す。その人格が絹糸に乗り移り、グンゼを創り、絹糸産業を創成したのだ。

波多野が聖書に結び付けて、糸づくりの信念を語るくだりがある。「心が清ければ、光沢の多い糸ができる。心が直ければ、繊度の揃うた糸ができる。心に平和あれば、ふしのない糸ができる。心に油断なければ、切断のない糸ができる。自ら省みて恥ずるところがなければ、力の強い糸ができる」と。

人格が製品をつくり、会社経営に戦略的成功をもたらすのである。戦略があって会社経営が成り立つのではなく、人格があって製品やサービスが成り立ち、その結果として戦略が正当化されるのだ。

組織やコミュニティの人格者たるべきリーダーは、自ら松明を持ち、誠意と熱意を捧げて世代を繋ぎ、時代を希望のある前途に向けて動かすのである。

初心は創意

リーダーの原理原則は、常に原点に立ち戻ることができるかに依拠する。いかに成功しようと、いつかは失敗がある。その失敗こそがリーダーを原点に立ち返らせ、新たな出発点からの捲土重来を実現させる。成功に頼ってはならない。成功の犠牲とならないよう、忘却の決意が必要だ。失敗も、成功の忘却も、原点にあった初心に立ち戻れば、未来の創意につながる。リーダーの創意は周りの人々をスパイラルに巻き込んで創意を高め、組織やコミュニティに波動を与える。その創意に外に向かって広がる触媒反応が加わると、リーダーが先導する組織やコミュニティの断続的進化、エボルーションが実現する。リーダーは緩急の成長と変革の触媒となって、化学反応を連鎖させる。そして組織やコミュニティは、未来に適応する変態を遂げるのだ。リーダーの最終的な創意の完成は、変態した組織を率いる後継者を見い出すことで達成される。

成功の忘却

貴方は失敗したことがあるリーダーと、失敗がないリーダー、どちらについていきたいと考えるだろうか。

将来のリーダーになり得る人材ならば、迷わず前者を支持するだろう。それは何故か。本当の失敗は、真剣な挑戦の結果にしか生まれない。おそらくは複数回真剣な挑戦を不屈の決意と精神をもってやったことがない限り、本当の失敗は体験できない。挑戦できるリーダーにこそ、教わりたいと思うものだ。

失敗が分かるリーダーは、どう失敗と向き合うかが分かる。どうすれば失敗しないかも雄弁に説明できるはずだ。それでも失敗したならば、その失敗を一緒に検証し、反省してくれる。擬似的に失敗を共有する仲間意識ができる。失敗に対する悔しさを分かちあい、共通の記憶としてくれる。

一方、貴方は成功したことがあるリーダーと、成功の体験がないリーダー、どちらについていきたいと考えるだろうか。これも迷わず前者を支持するだろう。それは何故か。同じく挑戦をした結果であって、そのリスクをとったリーダーに教わりたいと思うからだ。成功しているリーダーには成功のダイナミズムが分かる。どうすれば成功につながるかを雄弁に説明できる。成功には運もある。その強運も引き寄せたいはずだ。強運のリーダーに付き従いたいと思うのも、人間なら情緒的に当然だ。


矛盾しているようだが、失敗したリーダー、成功したリーダーどちらにも付いていきたいと考えるのがフォロワーの常である。ただし失敗したリーダーの場合、暗い人、自信喪失を引きずる人は敬遠される。成功したリーダーの場合は、自信過剰な人、自慢話を鼻にかける人は失格だ。

リーダーには失敗が付き物であり、失敗がないリーダーはどこか物足りない。失敗がリーダーを覚醒させて、原点に引き戻す機会を与え、立ち戻った原点から志を奮い立たせるからだろう。

本物のリーダーは失敗から不死鳥の如くリーダーシップの機会を鷲掴むのである。


思い通り、あるいは期せずして事を為し成功したリーダーは、心と体がしばしば空中浮遊して、立ち返るべき原点から遊離する。原点を見失うことさえある。出自を封印して過去を全否定するかの如く、成功した現在の姿だけで自己を過大に正当化するきらいがある。まるで今の自分が存在するから成功したかの如く、あからさまに過剰な思い込みによる自信をひけらかすことがある。

そこで、成功しているリーダーに告げよう。成功を忘れよう。成功したことを石に刻んで、記憶からは消し去ろう。実績は誇ってよいが、実績に頼ってはならない。実績の上に足を乗せてはならない。

成功すると、人はその物語を後付けで因果関係の合理性をもって語ろうとしたがる。周りも聞きたがるのでつい調子に乗ってしまう。因果関係で考え議論することは知識や知恵を育むためには必須だが、成功の物語については生きている間はしない方がいい。今ここにいる現場のリーダーは、そもそも成功かどうかの価値判断を一旦はやめた方がいい。引退してから想い出話として語るのはいいが、現役にあっては次の挑戦を語り始めるのがいいだろう。

これを述べているのが、ギリシャ哲学からの人間の智慧、エポケーだ。

古代ギリシャ懐疑派のピュロンは、徒労に終わる議論はやめて平静な心を獲得するためには、エポケーが大事だと主張した。日本語では「判断停止」という意味だ。

思考停止ではなく判断停止である。成功した理由や、成功か否かの判断についての議論は、現役で先頭を走るリーダーは放念するのがよい。成功の忘却こそがリーダーの心構えで、未来に向けて役立つ実践となる。

成功の忘却をすると、後ろを振り返って懐古する時間が省ける。つまり未来に向けて時間を使うことができる。未来に向けて時間を使うことで、何かをしなければならないという健全な焦燥感、つまり未知の未来に対するワクワク感や期待感が湧き上がるのだ。それが未来を創る「創意」に繋がるのである。

初心の構え

世阿弥の『花鏡』で有名な「初心忘れるべからず」は、初心こそがまっさらな目を持つ、という意味である。まだ何も為し得ない未熟な素人の心のあり様だ。

芸道はもちろんだが、どんなモノコトにも最初の取り組みがある。最初に臨む心が初心である。それは即ち、無心でもある。すべてに対して無心になって、素直に構えるのが最初に臨む姿勢である。もちろん事前に予め学んでおいたり、見聞きしたり、準備したりすることもあるだろう。

しかし事前にどんな準備をしようと、熟練の技の足元にも及ぶものではない。何もできないのだ。未熟な素人だと素直に認めることからはじめるのが、初心である。

もちろん世阿弥の真意は深い。ずぶの素人に対しての教えではなく、芸道を極めた熟練の達人に対しての深き教え、含意だ。達人こそが陥りやすい気の緩みや芸に対する侮り。これを厳しく戒める教えなのである。

長年リーダーの地位にある人には、この箴言を原理原則として突きつけたい。

今のビジネスリーダーには、世代交代を期して若くリーダーになった者、危機的状況で火中の栗を拾ってリーダーとなった者など、大きなプレッシャーと期待の中でリーダーに選ばれた人たちがいる。

残念なことではあるが、その中には最初の志や意義、目論みを忘れ、既に役割を果たしたにもかかわらず、そのままずるずると地位に居座る輩がいる。未来の意味や挑戦すべき課題を提示できないまま居座ってしまう。まさに初心を完全に忘れているのだ。

時代遅れのリーダー（だった者）にありがちだが、初心の役割を果たしたことで為した組織慣習に胡坐をかき、権力と権益を当然の権利であるかのように行使する。

リーダーシップよりもマネジメントの強権的利用にご執心となり、地位を延長し死守することに頭を浪費する。未来に向けてやるべきことを見失い、未来を皆と一緒に創りだす意志が潰えているのだ。

なぜ熟練者にこそ初心が求められるのか。それは、熟練者がさらに高みを目指すからである。

つまり熟練者は極めたところから、さらに初心をもって次の熟練者への挑戦をはじめるべきだからである。それが真の芸道であり、リーダーの宿命だ。

そもそもずぶの素人が道を極めた熟練者になるとはどういうことか。

それは意志と意識をもって、経験を無限に蓄積することだ。無限の蓄積によって慣習と型をつくり、無意識で寸分の狂いなき技を披露できるようになる。まるで町工場の熟練者が、指先の感覚だけでミクロン単位の磨きをいとも簡単に調整できるが如くだ。ビジネスリーダーの熟練者であれば、直感的に次に起きることを悟り、先を見越してやるべきことが分かってしまう。

しかしながら真の熟練者、達人は、この状態を良しとしない。まだ極みに達したとは認識していないのである。すべてを習得し、これ以上の高みがないように思えたときにこそ、達人としてあるべからざる気の緩みと自己に対する甘えを覚える。慣習や型に溺れて、新しい技への挑戦を避けるようになるのだ。だからこその、「初心忘れるべからず」である。


達人が求める初心。顕わされるべき指針は、「守破離」である。

まずは「守る」。基本となる型を守る。型を守れなければ、かたなし（型無し）となる。初心者から到達する最初の熟練者とは、型を守る者である。

型を完全に身につけた者が真の達人ならば、そこにとどまることはない。型を守るだけが達人の道でないことを知り、習得した無意識の型に新たに意識した型を加える試行錯誤を始める。その果てしない繰り返しの中で、遂には独創性を加えた新たな型で、従来の型を「破る」。これがかたやぶり（型破り）だ。

破るだけでは新しい型は完成しない。不安定であり、不確実である。これを無限の鍛錬によって無意識に再現できる型に仕上げる。そして遂には、新しい独創の型を完成させ、革新的な流派の創始者たる達人として「離れる」のである。

かようにして守破離の「破る」、「離れる」が、再度の初心から創意の緒につく、達人の目指すところとなる。ビジネスにおける型破りなリーダーシップは「破離」で真価が発揮される。

その前の「守」としてのリーダーシップとは、ビジネスでの優秀なマネジメントを意味すると考えれば分かり易い。ビジネスリーダーを目指す者は、まずは優秀なマネジメントの型を守ることが求められるのかもしれない。

しっかりしたマネジメントができなくては、リーダーとしてはかたなしなのだ。優秀なマネジメントを習得することは、真正面からリーダーシップの機会をとらえに行く正攻法なのかもしれない。

かたやぶりなリーダーを目指すならば、まずは「守」を修め、無意識のマネジメントの熟練技を体得すべきなのだ。ずぶの素人が持つ初心をしっかりと経験してこそ、やがてマネジメントの達人となって「破離」の崇高な機会を得ることができる。

「破離」の初心があって、リーダーはまた新たな挑戦をする創意の緒につくのである。初心あれば、何の偏見もなく、バイアスもなく、何も知らないという達観と覚悟からすべてをゼロベースで見直し、ゼロから創造することができる。

初心とは無知の知である。無知であることを知る者が強いのは、ギリシャ時代から同じだ。何も知らないことを強烈に知っているから、何でも知ろうとする、何かを見つけようとする。何でもいいから獲得したいと、無心で強く欲求するのだ。

その初心がモノコトをゼロベースで見、聴き、触ることを自然に促す。新しい発想や変わった発見、常識にとらわれない逆転の視座の機会を得ることになる。新たなる創造への第一歩がそこから始まるのである。

初心は創意のグラウンドゼロだ。

創意のスパイラル

ビジネスでの更なる成長、新規事業の構築や事業構造の変革は、ビジネスリーダーと組織の創意が相乗しなければ推し進められない。創意はリーダーの志であり目標だが、一人では具現化できない。スパイラル化し、組織内に波及して、うねるように実態化していく。

初心が創意を生むきっかけになるが､リーダー個人の創意の芽生えで周りの人々と組織が自然に動き出すわけではない。リーダー個人に芽生えた創意が、リーダーの内的なエネルギーを得て渦を巻き、圧力を高め、遂には外に噴出して組織全体を巨大な渦で掻きまわさない限り、組織やコミュニティは動じない。組織が揺さぶられることなく安定している間は、成長を創造する主体として創意の狼煙が上がることはないだろう。

リーダーの初心は創意のグラウンドゼロであるが、単なる点でしかない。点から渦巻き状に組織に三次元のうねりを巻き上げなければならない。創意を覚醒させるために、リーダーの気が発する熱量と行動、力強く渦を巻き起こす波動が必要なのだ。

リーダーを起点にしたエネルギッシュな波動は、竜巻が如く周りの人々をその渦に巻き込み、組織全体に創意のスパイラルダイナミズムを生む。

リーダーと組織の内的外的な相関関係を動的にするスパイラルな動きが鍵となる。直線的な動きは単発のルーティンな目標達成には適しているが、未来に向けて拡がりのあるチャレンジには向いていない。回転運動、それも連続して拡張する動き、拡がりのある螺旋状の動きが必要だ。それがスパイラルダイナミズムである。

そもそも「スパイラル」とは何か。漢字文化圏で表記すれば「卍《まんじ》」だ。

中国では万字､サンスクリット語ではスワスティカと表音する。インドの象の頭の神ガネーシャのシンボルでもある。映画大国インドのヒンドゥー語の映画にしばしば現れるシヴァ神の息子だ。密教僧が携える金剛と呼ばれる道具にも組み込まれている。前の世界大戦ではナチスに逆方向の右まんじ（ハーケンクロイツ）の党章として利用された不吉極まりない原型の印でもある。

卍の根源については、どうやらあらゆるモノコトの原点や、人間のあり方を示唆する表象のようだ。自然、地球、宇宙には卍がある。渦、回転、循環、陰陽、矛盾の昇華、中心の交点とそこから放たれる求心力と遠心力、ということになろうか。内側に巻き、外側に巻き出でることで、エネルギーが収れんし、拡散し、別の次元にシフトする起源となるイメージだ。

本書タイトルの螺旋《DNA》は、スパイラルを含意している。リーダーシップの原点になりたいという執筆時の初心の願いからだ。

リーダーの創意が途切れず湧き上がるようにするには、内からと外への行動、心と頭の動きをスパイラルに連環する。単発の動きに止まらないよう、リーダーの挑戦と内省、学びと教えなど、互いの万有引力で周回している二連星のように、途切れることのない徹底した意識と習慣づけが必要だ。

その繰り返しがやがては渦潮の如く、周りにある人・モノ・カネ・情報の資源を取り込み、創意を起点としてビジョンを実現すべく外に展開、世の中に働きかけていくのである。インプットもアウトプットもリーダーと組織の創意発現に必要なのは、そんなスパイラルダイナミズムを起こすからだ。

国産コンサルティング会社船井総研創業者の船井幸雄は、晩年になって「波動論」を説いた。物理学の世界観のメタファーとして、ビジネスを取り巻く世の中のダイナミズムのすべては波動だと断言した。多くの経営トップとの対話と交流を通じ、波動を極めることがリーダーの絶対条件である、と考えたのだ。

人間個人の内なる世界も、複数の人間が織り成す組織やコミュニティも、それらの相互関係も、すべて波動の中で刻々と変化する。それを実感として理解し、実践として利活用できる人間こそがビジネスリーダーとして相応しいという意味だ。

卍の中で循環するスパイラルの形と動きは、波動エネルギーを最大化する。エネルギーの流れはまず内巻きに入り、外巻きに拡張する。やがては輪となって全体として循環するのだ。

蛇足だが、スパイラル、卍、螺旋は、右回りか、左回りかという興味深い議論がある。卍には右回りと左回りがある。表からと裏からでは鏡像異性体となり、右回りと左回りが同時に存在する。

ただし原子レベルの古典的量子力学では、右回りか左回りかは重要な要素だ。右利きか左利きかは人間の創造活動にとっても大事だとされる。古典的でもあり先進的でもある両利きの経営という経営戦略論は、議論を右回りにも左回りにもしてくれる。

物理学と人生、そしてビジネスのダイナミズムを結びつける不可思議さがここにある。

少々スピリチュアルな世界観での説明になってしまったことをお許しいただきたい。

要は、リーダーが初心に立ち返って目覚める創意は、リーダーを取り巻く人々と組織の創意と強く繋がり、連動し、相乗的にエネルギーを高めなければ機能しない。未来からの大きな問いに答える最大限の創意パワーを発揮するために、リーダーと組織のスパイラルダイナミズムが欠かせないのだ。

触媒反応

リーダーとその組織がスパイラルダイナミズムを起動し、うわばみのようにあらゆる資源を取り込んだ後に起きるのは、外への爆発だ。創意が力強く外の世界に渦を巻いて溢れ出るのである。大きなうねりや波動となって社会を大きく抱擁するのだ。

ビジネスにおいては、いよいよ次の新たな成長が実態化、実質化するということになる。ビジネスリーダーが掲げたビジョンと目標に向かって、組織の構成員全員が一体となり一心不乱に猛進するイメージだ。凄まじい勢いで社会を覆いつくして爆走するベンチャー企業を想像すればいい。

うわばみのようにインプットした経営資源を、正しく勢いよくアウトプットする状況を化学反応に見立ててみよう。転換エネルギーの放出を最大化するためには、化学反応を加速する触媒が必要だ。

触媒があると化学反応のスピードが速まる。創意を矢継ぎ早に具現化させることができるだろう。スピードが極まれば、エクスポネンシャル（指数関数的）な成長や進化を生み出す。創意のスパイラルダイナミズムの醍醐味はここにある。爆速のスパイラルモデルだ。

触媒となるのは、人と人、知と知、技術と技術、その複層的な組み合わせ、出遭いや接触を増やす多くの場であり、より多くの機会だ。多くの場と機会があればこそ、同時多発的にイノベーションや革新が起き、それが交わり、連鎖して、想像を超える次の化学反応を引き起こしていくのである。

化学反応の中にリーダーは身を投じ、初心の熱量と行動で、組織やコミュニティの人々を次々に巻き込んでいく。巻き込んでいく場と機会が多くなればなるほど、高密度に凝縮し、外側への爆発力は凄まじいものとなる。高く広く力強い三次元のスパイラル動線を描いて、遥かな時空へ上昇旋回するのだ。

一方、会社の成長度合いで事実として観察されるように、すべての組織が創意を激しく爆発させることはない。化学反応が穏やかに進行する反触媒を用い、時間をかけて組織を変容、進化させることを狙うリーダーと組織もいる。ゆっくりとインプットもアウトプットも時間をたっぷりかけて繰り返し、進展していく。そのモデルはまるで樹木の成長のようだ。反触媒は漢方薬のように穏やかに作用する、樹木にとっての水と太陽など大きな自然のような存在である。

短い時間軸で観れば止まっているかの如く感じられるが、中長期の時間軸で達成する着実な成長は確かな手ごたえとなる。

リーダーはコミュニティの根であり、また幹となる。樹木の如くコミュニティは成長し、リーダーは常にその中核にいる。リーダーが幹を成せば、仲間たちが根を張る。相互に連携をはかり、葉を広げ枝を伸ばす共同作業をするのだ。樹木は時間をかけてさらに高さを誇り、長寿となる。樹木のようなコミュニティの化学反応は、このように緩やかに進行させるのが自然である。

爆速モデルでも樹木モデルでも、組織やコミュニティの存在意義は、外部環境変化に連動して発生し、相互に連鎖する化学反応が得られることである。組織内の人々が相互に利する、まずは内的に益のある化学反応を実現できてこそ、創意を生み出す組織となる可能性に目覚める。そして同時にその組織の世の中での存在価値へと変転進化する。

組織も人間のような有機生命体と説明されることが多いが、思うに、それは組織にも意思があるかのように内的衝動があるからだ。化学反応はその衝動が起点となっている。

化学反応が無限に連鎖していくのは、衝動を強めることを使命とするリーダーが組織の中で絶えずうごめき、触媒となる無数の自律的に作用する場と機会を散りばめ、ばら撒くからである。

先にも述べたが、そもそも「株式会社」とは、何らかの創意に溢れたプロジェクトベースの組織であり、目的が達成されると株主に果実を分配して解散するのが本来のあるべき姿だ。

株式会社とは、有限責任のリスクテイカーである株主が経営者にプロジェクトを委託し、経営者と会社のメンバーは、その請託に応えるべく創意を実践してプロジェクトを成功させ、果実を収穫し、自分たちと株主へ分配することでプロジェクトを満了する仕組みである。

しかしながら一度人々が集えば、本来の目的が達成された後も、その組織に触媒をばら撒くリーダーが存在する限り、新しい化学反応が断続的に進むのである。リーダーが引き起こす化学反応が組織の解散を止まらせ、新しい創意を生み、次に挑戦したいプロジェクトを結託して創造しようと動き出すのだ。まるで内的衝動を持った有機生命体が如く、組織は生き続けようとする。

仮に株式会社という仕組みがなく、目的も共有の課題も明瞭に意識されていない段階で人々がそぞろに集いネットワークができると、そこに新しい課題が生まれ、新たな目的を見い出し、別のプロジェクトが創造されることもある。それはネットワークのコミュニティの中に、リーダーが出現するからだ。リーダーが旋風状の言動で、周りの人間を化学反応の連鎖に引き込むからである。そしてネットワークのコミュニティは内的衝動をもって、有機生命体が如く成長進化を求めるのだ。

『松岡正剛の千夜千冊』をたまに拝読する。有難く知の栄養をいただいている。その1212夜思構篇で、アンリ・ベルクソンの『時間と自由』をとり上げていた。原著を手に取って読むことは生涯ないだろうが、切り口を学ぶことは為になる。濃縮したコンデンスミルク状に味わえるのでとても助かる。

その松岡の解釈の引用ではないがベルクソンの生の哲学のエッセンスは、「流れつつある時間は十全に表現できないが、自由行為は流れる時間のなかで行われる。それゆえ自由は（表現できないが）ひとつの明瞭な事実だと。自由になりたければ自己を取り戻し、「純粋持続」に身を置き直すのだ」とされる。

難解で申し訳ない。

「純粋持続」はエラン・ヴィタール（élan vital）と称する。『大辞林』では「生物を飛躍的に進化せしめる単純不可分な内的衝動で、機械的因果観と擬人的目的観の双方を否定した概念。自己刷新力や純粋想像力としてベルクソンのイマージュである」と解説されている。さらに難解で申し訳ない。時間の流れの中で跳躍する生命。まさにエボルーション、進化のイメージだ。

これは卍の螺旋の中で進化する生命のイメージにもつながる。神道で言う「中今」にもつながる。リーダー個人の内的衝動による跳躍と、リーダーが率いる組織という有機生命体の連動した内的衝動による跳躍のイメージだ。

リーダー個人の時間の流れの中での純粋持続と跳躍は、仲間の個が集まる有機生命体である会社という組織の時間の流れの中での純粋持続と跳躍と、不可分な衝動としてつながるのである。

最も身近な宇宙である太陽系が点のように属する、銀河系全体の形と動きが長大なスパイラルの渦を成しているが如く、その銀河系が点のように属する無量の宇宙全体が渦のように膨張するが如く、スパイラルダイナミズムは万物を支配している。

創意を膨らませる化学反応は、触媒を得て個人の内側から組織、外の社会へとエボルーションの渦を共振させるのだ。

後継者

映画にもなったダン・ブラウン著『ダ・ヴィンチ・コード』では、黄金比の螺旋が伏線をつくる。黄金比も螺旋も人類の不可思議な原理だ。レオナルド・ダ・ヴィンチの絵画『最後の晩餐』でヨハネと思われていた人物は女性であり、その女性マグダラのマリアはイエス・キリストの螺旋つまりDNAを受け取ったのではないかという疑いである。

敬虔なる信者からはお叱りを受けるが、マイケル・ベイジェント、リチャード・リー著『レンヌ＝ル＝シャトーの謎――イエスの血脈と聖杯』あたりから始まった仮説は興味深い。また深遠な裏の意図も感じる。作家たちの創意が発揮され、紡ぎあげられたものだ。

マグダラのマリアの存在は、イエスの直系血族の後継者の存在に対する、神秘的な憧れや究極の指導者出現への願いを意味する。万世一系の天皇家の存在も日本の国家権力者やコミュニティ指導者にとっては崇高な虎の威となる。

組織やコミュニティが有機生命体として生き続ける内的衝動を持つ限り、そこには求心力、遠心力の起点となるリーダーの継続的な存在が求められる。

組織やコミュニティは、仮に構成員全員が入れ替わったとしても存続はできる。一方リーダーは一人の人間である限り、有期の存在だ。組織やコミュニティがエボルーションの内的衝動を実現できる限り、リーダーの存在は必須である。つまりリーダーは別の人間、後継者にバトンタッチしていかねばならない。

これまでのリーダーが真のリーダーであったことが証明できるのは、次の未来を託せるリーダーを見い出し、バトンタッチできたことをもってすべしだ。リーダーの最も重要で責任ある使命は、後継者の選別と指名である。リーダーは後継者を探索し、厳しく育て、選び抜いて指名し、すべてを託して完全に引かない限り、真のリーダーとはなれない。現役時代にどんなに素晴らしい実績を達成したリーダーも、後継の人材を的確に選別できず組織を廃れさせてしまっては、真の責任を全うしたとは言えない。

本書で何度か取り上げた世界で尊敬された経営者リーダーの筆頭と言えば、今は亡きGEのジャック・ウェルチだ。ウェルチが在任中成し遂げた功績が外形的に分かり易いのは、20年間で株価を30倍にした事実だろう。その現役時代の実績については誰もが認めるところだ。また後継の人材育成においてもジョン・F・ウェルチ・リーダーシップ開発研究所、通称クロトンビルで自ら教鞭をとって多くの経営リーダーを育て上げた。米国の広き企業社会でのリーダー輩出においてその功は称えられるが、果たして肝心の足元はどうであったか。

ジャック・ウェルチが指名したのは生え抜きのジェフ・イメルトであった。先にも記述したがイメルトはウェルチの元で巨大化したGEの次の挑戦的な戦略を進展化できず、負の遺産の整理もできないまま、16年間のリーダーシップを諦めざるを得なくなる。次に指名された同じく生え抜きのジョン・フラナリーに至っては、株主たちによって1年余りで退任に追い込まれた。その後任には、ＧＥの歴史で初めて外部から招聘された産業機器ダナハーのＣＥＯ、ローレンス・カルプが就いた。

いかにリーダーの継承が難しいのかは、ＧＥの事例にとどまらない。ウェルチのようにリーダーシップが理解できているリーダーや、それを育成できる能力と組織があっても、生身のリーダーを育成し、的確に選抜できることとは同義ではないのだ。リーダーシップは分解して組み立てなおすことはできるが、リーダーは組織にとって部品の如く簡単に取り換えられる存在ではない。

確率論からしてより多くの人材を育てることが最重要課題ではあるが、その中から次の未知の時代を先見先覚し、価値観が変容する世代の人心を収攬し、行動実現の次を全面的に託せるリーダーをピンポイントで選ぶことは、頭で考えるほど容易ではない。

常に世の中と繋がりながら、あらゆる可能性のある多くの人材候補の中から選び抜くことができるように一切の妥協を許さないことだ。

ウェルチのようなカリスマと崇められたビジネスリーダーの後継者には、やはりカリスマ性が大事だと誤解しがちだ。リーダーには持って生まれた神格があると羨ましがる人がいるが、すべては後付けの話である。前にも触れたが生まれついてカリスマ性がある人は居ない。それらしい気質を秘めている人はいようが、多くのリーダーは後天的にその天衣を獲得するのだ。

後天的にどのように獲得するのか。それは巨大な志と自らの手に松明を持って、道なき道を歩むリーダーシップの機会をとらえた人間、スパイラルダイナミズムを自らの熱量と行動で初志貫徹する人間となったときである。それを現実に目の当たりにした周囲の仲間たちが結果としてカリスマと認識するのである。

真の後継者となる人間は、これまでのカリスマリーダーとは異なる、また別の大いなる物語を創作していることに注目すべきだ。既に松明を持って歩きだそうとしているかもしれない。別の大いなる物語を構想し、気がつけば既に多くの人々を巻き込んでいる人間は、次の時代のリーダーシップの機会をとらえはじめている。リーダーは「選ぶ」のではなく、「浮き上がってくる」のだ。

未来に繋がるスパイラルダイナミズムを意識的に直感し、独自の信念と自信を漲らせて挑戦している人材を、目を皿のようにして広く探索すればよい。掘り起こして選び出すのではなく、見渡して浮き上がる人材をつかまえるのが、今のリーダーの最重要の責務である。

如何に素晴らしい素質と能力と経験とパワーを備えた次のリーダーを据え付けようと、カリスマリーダーから継承する前後、組織やコミュニティは必ず一時的に混沌とするだろう。最悪、分散や裏切りや離脱などの混乱も生じる。

後継者たるリーダーがどんなに強い人間でリーダーシップの螺旋《DNA》を備えていても、時には迷い、時には大胆不敵な言動を実行し、少なからず間違いをおかし、惑い惑わせ、それらを繰り返すものだ。さらに組織やコミュニティは混迷するだろう。

しかしその混迷こそが組織とコミュニティに大きな揺らぎを与え、求心力だけではなく遠心力を働かせることによって、フォロワーたちの取捨選別、組織の自浄化を行う。時に意図的にそれを為す後継者のリーダーも少なからずいる。

後継者のリーダーは一瞬たりとひるむことなく、創造と変革の次の時代を背負うリーダーとして、自らが信じる正しいことを、愚直にただやり遂げるしかないのだ。

そのような次のリーダーと共に走る仲間たちが、組織やコミュニティの新たな内的衝動をつくり、果たせるかな新陳代謝を終えた組織に、次の時代に向かう独創性豊かなカリスマ性が宿ることになる。

エピローグ

有事のリーダー

先見先覚、人心収攬、行動実現、原理原則。

すべてのリーダーに必須の動力となるリーダーシップ螺旋である。

平時のリーダーは世の中に埋もれている。昼行燈だ。動力を発動しても注目されず、むしろ疎まれ、爆発力も波及力もない。平時にはリーダーよりも優秀な管理型のマネジャーがいれば事足りる。

しかし有事になると状況は一変する。管理型マネジャーの下では、組織や仲間や部下は路頭に迷う。大きな有事ではなおさらだ。昼行燈のリーダーが闇の中で希望の輝きを放つ。その理由は何だろうか。

有事になると、会社や組織が真面目にかたくなに守ってきた、従来のルールや規範が通じなくなるからだ。マネジャーは、既定のルールに従って組織を動かすことには長けている。しかし、有事に対応してルールを創造的に改訂し、時には大幅に改変し、分かりやすく示し、説得しつつ共有し、ポジティブに率先垂範し、組織に即座に浸透させ、遂行することはできない。

平時に目立たず昼行燈だったリーダーが、有事にこれら難題を成し遂げ、カミングアウトする。『忠臣蔵』の大石内蔵助が時代を超えて魅力的な人物であるのは、まさにこれである。

有事のリーダーは常に「企業家」である。虎視眈々と業を企て事を成す者だ。企業家は新しいビジネスを創造し、イノベーションを牽引し、組織と社会に変革を促すことに全身全霊でアンガージュマンする。

アントレプレナーシップ（企業家精神。最近は起業家精神と表記する）を絶えることなく持続できるのが、ビジネスリーダーである。でき得れば、平時には昼行灯として真面目なマネジャーを装い、有事にリーダーとして顕われる一人二役が理想だ。

会社という組織は、目まぐるしく変化する環境で生き抜く、まさに有機生命体だ。

有機生命体を構成する人間たちが折り重なり、組み合わさって、環境に適応していく。ビジョンや戦略や目標を共有し、組織が生き残れる道を共に歩み、最善の方法を実行する。その先頭や中やしんがりを如意自在に這いずり回り、有機体をひとつの意志のある生命体のように導くのがリーダーの使命だ。

リーダーもリーダーシップのあり方もその時々、その場面に応じた様々なスタイルが必要となる。そのあり様も環境変化と同じく千変万化なのである。

一方で、あらゆる状況に応じて変わらず必要なリーダーの根源的な4つの動力、先見先覚、人心収攬、行動実現、原理原則の力がある。本書で述べたかったことだ。

4つの動力は有事で最も力強く発現発揮されるが、平時においても怠りなく常に求められる。

平時にあって4つの動力はバランスをとって緩やかに組み合わされる。有事にあって4つの動力はぶつかり合い、時に綱引きをするような矛盾を秘めている。4つの動力は、そもそも互いに整合性や親和性があるとは言い難い。

経営や事業の課題に対して、4つの動力の凸凹の組み合わせや、反対方向や別の方向へ引っ張り合う緊張も起きうる。リーダーはその中で統合すべきベクトルの方向を見い出し、俊敏に動力を編集しなければならない。

有事にあってビジネスリーダーを目指す者は、さらに成長し、強靭なリーダーとなるための複雑な問題解決に向かう、リーダーシップの試練の絶好の機会が与えられる。

例えば、営業部門での顧客との致命的なトラブルを解決するにあたって、人心収攬の力をもって、当該部門マネジャーたちへの全面的な権限移譲という信が問われる時に、マネジャーたちをないがしろにしてトップ自ら行動実現の力を優先して直接現場に入り込み、問題解決へ先頭を走り抜いてしまうことなど、有事にはよく見られる光景だ。

また、外部環境の激変による経営危機の有事に、原理原則の力をもって初心に戻り、ぶれない方針を打ち出すべき時に、先見先覚の力をもって見い出した、未だ検証できないリスクに満ちた未来の事業チャンスをメガロマニア的に描き、社員や関係者を更なる混乱に陥れてしまう気まぐれに見えるビジネスリーダーの姿を見ることもある。

いずれにせよ、当のビジネスリーダー本人は至って生まじめでひたむきだ。この矛盾の中でこそリーダーは試され、鍛えられ、成長の機会を与えられる。

リーダーとなるべき人は、ライフシフトの拡張する人生の中で、有事を進んで受け入れ火中の栗を拾う、これを有限の人生の時間の中で最大限繰り返すのである。

ライフシフトとシンギュラリティ

織田信長は人生50年と達観した。現代人の覚悟は人生１００年だ。

覚悟を達観の境地に高めねばなるまい。覚悟は構えだが、達観は悟りだ。覚悟の後に達観し、再び覚悟して事を為すことになる。

人生50年と達観すれば、生涯で実現したい理想とビジョンを最短距離で成し遂げなければならない。危機感と切迫感による覚悟が、織田信長を急ぎすぎたリーダーにした。

しかしその覚悟と達観こそが、圧倒的な構想力と行動力を生み出したのは明白だ。誰もが傍観者で近視眼的に生きる混とんとした時代に、古き時代への鬼気迫る反逆と古き価値の創造的破壊に明け暮れた生涯だった。

彼は未来からやってきた先導者として、日本という国家の本質を問うたのだ。時代がどうなるかではなく、時代をどうしたいか、時代をいかに乗り越えたいかという、俯瞰の本質的問い掛けをしたのである。

ライフシフトと人生100年時代を達観し、覚悟する現代人はどう生きるべきか。急ぎすぎずゆったりと、世の中と周りの人々に協調して生きるべきなのだろうか。否、むしろさらに危機感と切迫感を持って生きなければならないのではないか。

あらゆる環境変化が激流となり、文化文明の想像を超える厄介ながらとても刺激的な進展の時代に、毅然として生き抜かねばならないのだ。

覚悟と達観が強烈な生への欲求、最善の追求、賭けるべき構想を描かせ、圧倒的な実践へと駆り立てるのである。

現代人の人生100年では、質的には健康寿命を全うできない。最晩年は生ける屍を晒すような晩節を汚す介護生活になるやもしれぬ。ならば健康である限り、時代の生き証人として、主体的に当事者意識を持って、狂おしく生きようではないか。自らの使命を自覚し、生きた証拠、爪痕を残すべきだ。

第四次産業革命の怒涛のうねりの中で、ますます人生と生活は濃密になるだろう。多段階、多様、非連続に取り巻く環境はさらに激変するだろう。私たちの生涯には、想定を超える有事が少なくとも7～8回は起きると覚悟せねばなるまい。

かなり先のSFの如き未来話をしよう。

変わらず繰り返すVUCA時代と、第四次産業革命の進展で人間のライフシフトよろしく世界もパラダイムシフトを積み上げ、遂には革命を実体化し、資本主義と国家民主主義のイデオロギーを変遷させることになる。

濃密で連続的な、あるいは破壊的に非連続的なイノベーションがパラダイムの層とズレを積み上げていく。ある日シンギュラリティを実現し、飛躍的、断裂的に人類の社会と棲む地球を変えることになる。

それは「やばい」（ネガティブな意味だったやばいは最近の広辞苑ではとても素晴らしい、信じがたいというポジティブな意味とされる）変容と速度、エクスポネンシャルとなる。相加相乗を超えた指数関数だ。指数関数とは$y=a^x$（aは1より大きい定数）で、仮に定数を２とすると、例えば２に20乗となるだけで１０４万８５７６に化ける。一気に突き抜ける現象が目の前に現れるのだ。

非連続のイノベーションが日常茶飯となり、習慣となる世の中と生活にあっては、大衆は知識の羅列をやめる。レイ・ブラッドベリの『華氏４５１度』の如く、書の文化、既存知を放棄するかもしれない。一握りの人間たちがイノベーションを方向付け、利用し、必ずしも望まれない社会を実現するかもしれない。

アフターシンギュラリティを越えて、あらゆるメガテクノロジーが啓蒙期に入る２１００年頃から、第四次産業革命後の現実を日常的に享受する時代が来ると仮定する。そんな時代を先導するリーダーの挑戦を妄想してみよう。

現代人のライフシフトをさらに凌駕する遠い未来では、人間はテクノロジーを内部化して生きることになる。現代の私たちが知らない人類、ポストヒューマンとなるのだ。テクノロジーを共棲活用する、人類の変態を起こすことになるに違いない。

２１００年のリーダーは私たちが逢ったこともないポストヒューマンの中に立ち現れるだろう。ビッグブラザーのような唯一無二の支配的超知性ではなく、その時代を様々な形とダイナミズムで変えることを主導する、多種多様なポストヒューマンのリーダーたちが次々と出現する。

勿論ポストヒューマンばかりではない。機械生命体（今のＡＩの未来）も、現代の人間臭い生の人間たちも、リーダーたちの一人となるだろう。千変万化する未来のコミュニティのリーダーには、進化と変化に対応する徹底的に個性極まる多様性が必然とされる。

現代と超未来の非連続な進展に向き合う、少し先の現実的未来に話を戻そう。

アフターシンギュラリティのあり様はＳＦに委ねるとして、人生１００年時代のビフォーシンギュラリティのリーダーを目指す人間は、何をすればいいのか。

結論から言えば、本能に目覚め、本能を克服する。矛盾する２つを同時実現しなければならない。

ひとつの仮説はこうだ。おそらく人間は、ＡＩが進化した超知性とともに生きることを決意し、超知性に超情緒というべき人間らしさを刷り込もうとする。超情緒は人間の本能的な感情を認識し、理解し、寄り添う機能を持つ。

誰がそれを教えるのか。それが人間たるリーダーの最優先の役割となる。このリーダーが人類の本能を深く理解していないと、超情緒の真の姿を教えることはできない。

本能を削り、徐々に圧殺したのが人類の文明発展の歴史でもある。超知性が出現して地球上の文明が極まるとき、逆説的に人類文明が捨ててきた人間の本能の目覚めが必須となるのではないか。

例えば人間の本能には、恐怖という感情がある。恐怖を超知性にどう組み込むのか。超知性はもちろん恐怖を知らない。そもそも恐怖とは相容れない関係だ。その人間らしい情緒を、超情緒として超知性を制御できるように洗脳するのだ。

超知性とともに共存する未来に導くことが、新世紀に向かうリーダーの使命だ。シンギュラリティに向かうこれからのリーダーは、道具を内部化させながら、道具を人間化する運命的ミッションを持つことになる。

人間化するとは、人類の本能を理解し、本能を上手く利用し、一方で本能を抑制する、能力とスキルとインサイトを自律的アルゴリズムとして組み込むことである。

未来のコミュニティに生きる

未来のコミュニティはどうなるのだろう。未来に生きる人々はコミュニティとどう関わるのだろう。もう一度、少し先の現実的未来に想いを馳せたい。

私たちが慣れ親しんできた既存の枠組みである国家や組織は、しなやかに崩壊する。もちろん会社という枠組みも、しなやかに崩壊せざるを得ないだろう。

しかしコミュニティそのものがなくなることはない。コミュニティは流動化する。素早く、しなやかに、離合集散するだろう。可塑可変が常態となるのだ。

未来に生きる人々は、千変万化で多種多様に離合集散する複数の集合体やコミュニティに、流れるように自由に帰属していく。コミュニティに帰属しながら、旅するように職業人として仕事をし、呼吸をするように社会と時代に主体的に参画する。

そのような未来では、リーダーとコミュニティの関係も変容するだろう。

変容する集合体やコミュニティを、未来社会のトライブと呼ぶとよいかもしれない。これは、元Yahoo! 副社長のセス・ゴーディンの言を借りた。未来社会のリーダーとなる人間はトライブと共に流れるように生き、トライブをしなやかに率い、緩く支える。その決意と挑戦を楽しむのだ。

昔も今もそして未来も、リーダーがリーダーとして産まれ出でる背景はひとつだ。

自らが提唱する価値を、世界中の誰よりも徹底的に信じ、育てる力を持っている。自分がその唯一無二の存在であると猛烈に信じ込んでいるのだ。だからこそ、リーダーシップの機会を鷲掴みし、嬉々として挑戦する。

トライブの語源は部族を意味し、そもそもは地縁、血縁、宗教などの閉鎖的な絆で結ばれていた集団だ。現代ではそれらの縁を超えてサイバー空間でつながる仲間に変容しつつある。そして未来社会では、強い個と個が、あらゆる空間で緩くまとまるダイナミックで柔らかな集合体となる。

未来社会のトライブとは、それぞれが固い想いを持ちながら結ばれた仲間で、絆そのものは緩くとも良い。互いに縛り合う関係ではないという意味だ。緩い絆によってこそ一人ひとりの個性がしっかりと立ち、それぞれが主役となれるからだ。

少し先の未来では互いを結ぶ絆が緩くとも、それぞれが強く固い想いを持つ、個性の立った仲間たちを集めることができるリーダーが待ち望まれる。

未来のトライブには、自主独立、自律的で、強烈で、異端で、チャーミングなリーダーが今にもまして必要となるだろう。個性的でヒューメイン（慈愛深い）なリーダーがリーダーシップの機会をとらえることなくして、未来のトライブは生まれないかもしれない。


どんな時代でも、人々は他者とつながり、自分の成長の機会を見い出し、新しいことに出会いたいという自然な欲求を持っている。

きっかけは既存の組織やコミュニティから抜け出て、魅力的な異端のリーダーが率いるコミュニティをたずねることに始まることが多い。最初は既存の組織やコミュニティにとどまりながら、たまに直感に導かれ、出遭うことになる。

リーダーの存在が社会に重要な価値と意義を持つのは、リーダーが描く世界が実現する可能性があるからだけではない。

リーダーシップの機会が、生きているすべての人々に公平に開かれていることを現実化し、参加を促すからだ。すべての人々に公平に、リーダーシップの機会を活かしてもらうことができるからである。

「リーダーシップの機会を活かす」とは、リーダーになることと同義ではない。リーダーにならずともその機会に気付き、自分なりの決断と行動を起こすことができればよい。

広く多くの人たちが機会をとらえて、自己革新と成長の確かな感触をつかむのだ。その機会に、自己実現の達成を目指すのだ。

仮に達成せずとも、その過程を思い存分楽しむことができる。同時代に生きる多くの人間がリーダーシップの機会や自己の幸せを追求する、確かな足掛かりとすることができる。

それら多くの個人の実体験こそが、延いては社会全体のより良き進化に貢献する。

さあ、「やばい未来」に前のめりに向かって、リーダーシップの４つの動力が絡み合う、有機的ダイナミズムを発揮しよう。

未知の未来の、不確実で千変万化する環境で、課題や目的を創出する「先見先覚の力」、コミットメントする適材を集め、能力を最大化させる「人心収攬の力」、人間の集合体を有機的に機能させる、複雑系のコミュニティを牽引する「行動実現の力」、そして、常に自らを変態し続ける志、その想いとニンゲンを磨く「原理原則の力」。

繰り返しとなるがリーダーシップの機会をとらえてリーダーになるかどうかは、個人の選択の問題である。

誰もがリーダーシップの機会に、リーダーになる可能性を公平に持っているが、誰もがリーダーになる決意をしなくともよい。自己の幸せの実現に向けて、しっかりと歩み出す絶好の機会とすればよいのだ。

未来のコミュニティに生きるすべての人間にとって大切なことは、リーダーシップの機会をいろいろな時と場所でより多く得ること、そして常に前向きに挑戦を続けることだ。リーダーシップの機会と、敬愛できるリーダーとの出逢いによって、自己実現の成長の機会を見い出し、無限の可能性を鷲掴むのである。

末筆となったが、本書の出版にご尽力頂いた京都哲学書の老舗の晃洋書房の丸井清泰氏と福地成文氏、そして本書にイラストをご提供いただいた上坂彩氏、本書の装丁デザインをご担当いただいた野田和浩氏に感謝申し上げたい。

未来のコミュニティに生きるすべての人々の希望に溢れた実践に参画しよう。

古我知史　京都にて

It is difficult to say what is impossible, for the dream of yesterday is the hope of today and the reality of tomorrow.

Robert H. Goddard

何が可能であるかを言うのは難しい.
昨日の夢は今日の希望であり,
明日の現実なのだ.

ロバート・H・ゴダード

参考図書・HP

新将命『リーダーの教科書』ダイヤモンド社，2013年.
江口克彦『猿は猿，魚は魚，人は人』講談社〔講談社BIZ〕，2010年.
大河滋『ホンダをつくったもう一人の創業者』マネジメント社，1998年.
甲斐輝彦『私が世界No.1セールスマンになるためにやった50のこと』大和書房，2011年.
金川千尋『危機にこそ，経営者は戦わねばならない！』東洋経済新報社，2011年.
川村隆『ザ・ラストマン』角川書店，2015年.
木谷哲夫『独裁力』ディスカバー・トゥエンティワン，2014年.
ゴーディン, S.『トライブ　新しい組織の未来形』勝間和代訳，講談社，2012年.
ゴーフィー, R.・ジョーンズ, G.『なぜ，あなたがリーダーなのか（新版）』アーサー・ディ・リトル・ジャパン訳，英治出版，2017年.
古我知史『もう終わっている会社〜本気の会社改革のすすめ〜』ディスカバー・トゥエンティワン，2012年.
古我知史・日高幹夫『アリストテレスの言葉――経営の天啓――』東洋経済新報社，2011年.
コッター, J. P.『企業変革力』梅津祐良訳，日経BP社，2002年.
コッター, J. P.『リーダーシップ論』（第２版）DIAMONDハーバード・ビジネス・レビュー編集部・黒田由貴子・有賀裕子訳，ダイヤモンド社，2012年.
境野勝悟『老子・荘子の言葉100選』三笠書房，2008年.
佐宗邦威『ひとりの妄想で未来は変わる』日経BP社，2019年.
司馬遼太郎『項羽と劉邦（上中下）』新潮社〔新潮文庫〕，1984年.
スマイルズ, S.『自助論』竹内均訳，三笠書房〔知的生きかた文庫〕2012年.
スレーター, R.『ウェルチ リーダーシップ31の秘訣』仁平和夫訳，日本経済新聞出版社，2001年.
セイラー, L. K.・コヴァル, R.『GRIT平凡でも一流になれる「やり抜く力」』三木俊哉訳，日経ＢＰ社，2016年.
先崎彰容『ビギナーズ日本の思想　文明論之概略』角川書店〔角川ソフィア文庫〕，2017年.
先崎彰容『未完の西郷隆盛』新潮社〔新潮選書〕，2017年.
高橋久一郎『アリストテレス』NHK出版，2005年.
竹内慶夫・増田幹生『セレンディップの三人の王子たち』偕成社〔偕成社文庫〕，2006年.
野田智義・金井壽宏『リーダーシップの旅』光文社〔光文社新書〕，2007年.
畑村洋太郎『失敗学の法則』文藝春秋，2002年.
バック, R.『かもめのジョナサン（完成版）』五木寛之訳，新潮社，2014年.
ハラリ, Y. N.『サピエンス全史』柴田裕之訳，河出書房新社，2016年.

フェファー, J.『「権力」を握る人の法則』村井章子訳，日本経済新聞出版社，2011年.
ブラウン, D.『ダ・ヴィンチ・コード』越前敏弥訳，角川書店，2004年.
マンデヴィル, B.『蜂の寓話』泉谷治訳，法政大学出版局，1985年.
村上龍『スゴい社長の金言』日本経済新聞出版社，2016年.
『孟子（上下)』小林勝人訳注，岩波書店〔岩波文庫〕1982，1983年.
守屋洋『帝王学の教科書』ダイヤモンド社，2010年.
安岡正篤『知命と立命』プレジデント社，2016年.
山田孝男『小泉純一郎の「原発ゼロ」』毎日新聞社，2013年.
横山禎徳『組織「組織という有機体」のデザイン28のボキャブラリー』ダイヤモンド社，2020年.
歴史群像編集部編『創業者列伝』学研パブリッシング，2011年.

『ダイヤモンドハーバードビジネスレビュー』2019年５月号.
『日経ビジネス』2018年５月７日号，７月16日号，８月27日号，2019年２月25日号，７月22日号，2020年３月９日号など.
「日経ビジネスオンライン」2016年12月１日公開など.
「日経クロストレンド」2020年８月20日公開など.
NPO法人日本サーバント・リーダーシップHP.
NPO法人アイ・エス・エルHP.
松岡正剛の千夜千冊HPとメールマガジン.
『大辞林（第三版)』三省堂.
『日本大百科全書』ニッポニカ.
『世界大百科事典（第二版)』平凡社.

《著者紹介》

古我知史（こが　さとし）

ベンチャーキャピタリスト／ウィルキャピタルマネジメント㈱代表取締役／アリストテレスパートナーズ㈱代表取締役，京都大学産官学連携フェロー／県立広島大学大学院客員教授／龍谷大学経済学部客員教授．早稲田大学政経学部卒業．Citibank，McKinsey & Companyなどを経て，独立系ベンチャーキャピタリストとなる．22年間で累計78社のスタートアップベンチャーに特化した投資と事業開発パートナーの実績を持つ．現在もIPOを目指すベンチャーや成長企業の取締役等を兼任．九州大学大学院客員教授，FBN JAPAN理事長，㈳衛星放送協会外部理事，大阪府市統合本部特別参与，日本生物科学研究所評議員などを歴任する．
著書に,『ベンチャーキャピタリストが語る着眼の技法』（ディスカヴァー・トゥエンティワン，2015年），『もう終わっている会社――本気の会社改革のすすめ――』（ディスカヴァー・トゥエンティワン，2012年），『アリストテレスの言葉――経営の天啓――』（共著，東洋経済新報社，2011年），『戦略の断層――その選択が企業の未来を変える――』（英治出版，2009年），『問題をつぎつぎ解決する人の５つの口癖――問題解決できる人の行動には原則があった――』（あさ出版，2004年）などがある．

リーダーシップ螺旋《DNA》
――企業家精神に溢れるリーダー 4つの動力《パワー》――

2022年4月30日　初版第1刷発行　＊定価はカバーに表示してあります

著　者　古　我　知　史©
発行者　萩　原　淳　平
印刷者　河　野　俊一郎

製作所　株式会社　晃　洋　書　房
〒615-0026　京都市右京区西院北矢掛町7番地
電話　075(312)0788番(代)
振替口座　01040-6-32280

装丁　野田和浩　　印刷・製本　西濃印刷㈱
ISBN 978-4-7710-3636-9